山西文化之旅
——歷史人物篇

晉旅　主編

審　　訂：張世滿等

本冊編寫：王曉娟

在地球的東方，有一片神奇的土地，它頭枕長城、腳踏黃河，是中華文明的發祥地，中國上古聖賢堯舜禹皆生於斯長於斯成於斯，它的名字叫中國山西。

五千多年文明在這片十五點六七萬平方千米的土地上留下了輝煌燦爛的文化遺存。一個個王朝，一個個世紀，浩如煙海的歷史瑰寶層層疊疊，不落塵埃，交相閃耀在歷史的天空，讓人目不暇接。

或許是這片土地上的歷史太過悠長、太過厚重，即使是專業的歷史文化學者窮極經年亦難窺其萬一。

《山西文化之旅》的創意原始而又簡單，就是想在浩瀚的歷史時空中，擷取那些時光凝成的精華，把發生在這片土地上的最重大的歷史事件、最重要的歷史人物、最典型的歷史地理變遷和傳承至今的文化風物，用小故事的方式呈現給您，讓您在愉快的旅途中、茶餘飯後的閒適中、忙碌工作的餘暇中，輕鬆地瞭解中國山西、讀懂中國山西、愛上中國山西！

亙一新

目錄
CONTENTS

兩漢

魏晉南北朝

隋唐五代

宋元

明清

民國到新中國成立後

後記

遠古時代

堯

愛百姓就像愛家人

堯，本名放勳，帝嚳的兒子，黃帝的玄孫。

傳說堯十三歲奉命輔佐哥哥帝摯。堯好學能幹，仁慈愛民，實在比哥哥強上百倍。很多部落首領紛紛離開摯，投靠了堯。帝摯也自覺不如堯聖明，最終於繼位九年之後，將帝位禪讓於堯。

堯把都城建在平陽，即今臨汾。當上天下之主後，堯還是非常勤奮，生活也很簡樸，粗茶淡飯，補破遮寒。他制定法度，禁止欺詐，讓人們懂得誠信；設置諫鼓，讓普通人對國事發表自己的意見，還樹立謗木，鼓勵老百姓批評自己的過失。他說，「如果有一個人挨餓，就是我餓了他；如果有一個人受凍，就是我凍了他；如果有一個人獲罪，就是我害了他。」就這樣無微不至地關心百姓，所以大家都十分擁戴他。

回頭看看自己的經歷，堯深深懂得，如果像父親帝嚳一樣靠占卜，或者隨意指定某一個兒子為繼承人，那麼臣子們不會得到明君，天下不會太平，百姓也會因此受苦。他說，「我不能讓天下人受害而只對一個人有好處！」所以，在繼承人方面，堯非常慎重。臣子們推

舉出舜後，堯用了二十多年來考察舜的德行，最後才放心地把天下百姓交給他。

帝堯胸懷天下，大力提倡道德與和順，讓天下百姓和睦相處，部落之間和諧一致，因而天下安寧，政治清明，世風祥和。

臨汾堯廟　梁　銘／攝影

舜

讓出來的偉人

十九世紀英國作家、社會活動家羅斯金說過，「我認為一個真正的偉人，其第一個考驗即是謙讓。」在古代中國，就有這麼一位偉大的帝王——舜。

舜的本名為姚重華，歷史上稱為虞舜。《史記》記載：「舜生於蒲坂（今永濟市），漁於獲澤（今陽城縣），耕於歷山。」舜很小就出來勞作，以維持全家的生活。他曾到歷山耕種，讓歷山的人相互推讓地界；他去河濱製陶，讓製陶的工人都不再偷工減料；他在雷澤捕魚，讓雷澤的人都推讓漁界。舜謙讓的美德傳遍了四方。

堯帝的年紀大了，要找接班人，大家就推舉了舜。舜先被堯封為虞侯，後又代替堯管理國家大事，將國家管理得井井有條。經過多方考驗，舜終於得到堯的認可。於是選擇吉日，舉行大典，堯禪位給舜，《尚書》中稱舜「受終於文祖」。

舜將蒲坂作為都城。執政後，他重新修訂曆法，還到各地巡狩，祭祀名山，召見諸侯，考察民情。舜規定以後每五年巡狩一次，考察諸侯的政績，明定賞罰。可見，舜注意與地方的聯繫，加強了對地方

的統治。

　　他還把堯的聯盟議事會改革為貴族議事機構。堯的議事會成員沒有具體的分工，而舜根據每個人的長處，分別委以不同的職務，權責分明，提高了辦事效率。舜還定期考核官員的政績，有成績的加以提拔，不稱職的就罷官。

　　舜年老後，覺得自己的兒子商均不成器，就確定了威望最高的禹作為他的繼任者，繼續推行禪讓制。

　　其實，關於舜的繼位，還有一個與史書記載差異很大的傳說。據說舜將堯囚禁起來，不讓其與兒子丹朱見面，自己則篡權奪位，做了

舜王坪　李廣潔／攝影

天子——不管真相如何，舜憑藉自己的能力得到堯帝的賞識，最後又將王位禪讓給了有能力的禹，而不是自己的兒子。單就這一份肚量，也堪稱偉人了。

禹

治滔天水，統九州民

都說「金無足赤，人無完人」，而大禹卻堪稱「完人」。聖人孔子如此評價道：我簡直找不到他的一點缺點。他的宮室簡陋卻沒有想去改善，而是盡全力平治水土，造福黎民，開溝渠，發展農耕，鼓勵人民從事勞動。

世界各地的民族中，幾乎都有關於大洪水的記載。帝堯時，洪水來了。鯀奉命治理水患，九年後，因治水不力而被舜處死。禹子承父志，接受了治水的任務。

禹吸取父親失敗的教訓，行萬里路，實地調查，終於決定用疏導的辦法來根治水患。他治水十三年，曾經三次路過家門。第一次經過家門時，聽到妻子分娩，生下了孩子；第二次經過家門時，咿呀學語的兒子在妻子懷裡向他招手；第三次經過家門時，兒子已經長大，跑過來使勁把他往家裡拉。可他為了治水大業，一次也沒有踏進家門。

治水期間，禹翻山越嶺，趟河過川，拿著測量工具，由西向東，一路測度地形高低，樹立標杆，規劃水道。逢山開山，遇窪築堤，疏通水道，引洪水入海。

因為治水，禹走遍天下，不僅瞭解了各地的地形，而且對當地的習俗、物產也瞭若指掌。他把天下規劃為九州，還規定了各州的貢物品種。

舜在位三十三年時，正式把天子之位禪讓給禹。十七年後，舜去世。三年治喪完畢後，禹將帝位讓給舜的兒子商均，但天下諸侯都離開商均去朝見禹。歷史似乎重演了當年舜讓位給堯的兒子丹朱，但大家都離開丹朱擁戴舜的那一幕。

禹即位後，為鞏固統治，他去南方巡視，在塗山約請諸侯相會，還將各方諸侯、部落酋長們送來的青銅鑄了代表天下九州的九個鼎。九鼎從此成為中國歷史上王權的象徵。

商周

傳說

從奴隸到宰相，從聖人到星宿

中國古代歷史中的人物，死後變成星宿的不多見，山西曾出過一位，名叫傅說。

山西平陸有個太臣村（原名大臣村），據傳是傅說出生的地方。在平陸，傅說留下了不少歷史遺跡，如他築城的地方有條小溪，叫「聖人澗」，小溪旁的村莊是聖人澗村，村中有個聖人廟，廟裡還有個傅說祠。每年農曆四月初八，這裡都要舉行隆重的官祭大典，四月初一到初十還有廟會，都是為紀念聖人傅說而來。

傅說（生卒年不詳）是商朝時的奴隸，沒有姓氏。後來因為曾在傅岩（今山西平陸東）做修牆的苦役，人們便稱他為傅說。雖然出身低賤，很難有出頭之日，但傅說很聰明，懂得如何充分發揮自己的才幹。

那時還沒有發明磚，人們只懂得用泥來砌牆，但是這樣的牆很不結實，大水一沖就塌了。傅說發現，如果用兩塊木板相夾，中間填滿泥土，用杵搗緊，板外再用木柱支撐住，這樣造出的牆比普通的泥牆緊實、堅固。這種技術是中國建築史上的巨大進步。

一傳十，十傳百，傳說築牆的辦法被大家廣為傳頌，最後傳到了國君武丁（約前1250-前1192）的耳朵裡。武丁認為傅說是個人才，想起用他，可是將一名奴隸召到朝中，恐怕會引起貴族的不滿。於是，武丁假託「天命」，說自己做夢夢見了聖人，聖人向他推舉一個叫「說」的人，可以為相。

傅說就這樣入朝當了宰相。他竭盡文韜武略輔佐武丁，殷商國勢達到鼎盛，成就了「武丁中興」，傅說也被尊為「聖人」。

傅說他死後成了神仙，變為天上的一顆星，即「傅說星」，又名「天策星」。一些古代著名典籍如《莊子》《淮南子》《左傳》《史記》等都對此有所記載，如《莊子》中說：「傅說，殷高宗之相，死而托神於此星，故名為傅說星也。」

唐叔虞

受封唐國，撫和戎夏

　　太原市區西南二十五公里處，有個懸甕山，山下的晉祠，是為紀念周武王的兒子姬虞而建，距今已有上千年歷史。

　　周朝時，為了確保國家的穩定安寧，天子定下一個規矩，把一些前代聖王的後代、王室宗親和功臣們分封到各地，建立諸侯國，幫助天子治理天下。於是，姬虞（生卒年不詳）被哥哥周成王分封到唐國，位於今天的山西境內。中國古代兄弟長幼排序，依次為伯、仲、叔、季，姬虞是老三，封地在唐，故人們稱他唐叔虞。

　　當時唐國的四周有不少部族，經常因為利益發生爭鬥，局勢比較動盪，天子此時派了自己的親弟弟去治理，應是滿懷希冀和期望的。天子在國都舉行了盛大的冊封慶典，贈給姬虞許多名貴的器物，並向天下人宣布，尊貴的王弟從此以後就是唐國的君主。

　　叔虞到達唐國後，先是進行了一番調查研究，他發現，這裡居住的人口非常複雜，有華夏族的百姓，還有不少戎狄人。兩種人生活方式不同，如果用一種文化去影響他們，一種規矩去制約他們，可能會引起較大的反彈。

桐葉封弟　宋虎立／畫

　　既然唐地居民複雜，那就不要用一種僵化的制度去約束他們，可以用夏政去教導夏民，用戎法去治理戎人，這樣既不背離夏人的傳統體制、生活習俗，又尊重了戎狄的生產、分配方式，那麼不管是夏人還是戎，都能得到滿足，民心自然歸附，局勢也會穩定。同時，他興辦水利，發展農牧生產，人民生活富足，安居樂業，周圍的戎狄部落先後歸附。唐叔虞在位二十多年，唐國的疆土不斷擴大。

唐叔虞這種寬容、靈活的政治方針，對日後的晉國，乃至後來三分晉國的韓、趙、魏三國的政治經濟和文化思想，都有深遠的影響，並形成了獨特的三晉文化——求同存異、兼收並蓄、寬容博大。也正因為此，幾百年後，晉國才能爭霸春秋，以當初僅僅方圓百里的小小唐國，成為地跨黃河南北的泱泱大國；也正因為此，北方各民族才能相互滲透、交流、學習、吸收，取長補短、相輔相成，逐步融合成一個多民族的大家庭。

百里奚

五張羊皮換來的丞相

秦始皇一統天下，得益於祖上秦穆公（前659-前621）春秋爭霸時奠定的基業，而秦穆公稱霸，卻要感謝他賤價買來的奴隸——百里奚。

百里奚（約前700-前621），本是虞國（今平陸）人。因家境貧困，早早出來闖蕩，先後在齊、周、虢等國遊學求官。後來，在好朋友蹇叔的推薦下，做了虞國的大夫。西元前六五五年，晉國向虞國借道攻打虢國，返回時滅了虞國，百里奚成了晉國的俘虜。沒多久，晉獻公嫁女，又把百里奚作為陪嫁奴隸獻給了秦穆公。

百里奚不堪侮辱，想辦法逃離秦國，去了楚國養牛。奴隸逃走本是一件小事，卻引起了國君的注意。求賢若渴的秦穆公聽說百里奚才華了得，賢能非常，便想用高價把他贖回。可又怕楚人知道後也來爭搶，便貴物賤買，按照一個奴隸的市價，拿出五張黑公羊皮，買回了百里奚。

百里奚被押送回秦國後，秦穆公親自接見，並為他打開鐐銬，解除他的奴隸身分，向他詢問國家大事。

兩人相談甚歡，相見恨晚。秦穆公拜百里奚為上大夫，把秦國的軍政大權都交給了他。這一年，百里奚已經七十多歲了。

　　古稀之年才開始政治生涯，卻甫一開啟便登上了輝煌的頂峰。不過，即使登上了一人之下萬人之上的高位，百里奚依然簡樸出行，從來不用護衛相隨。他這種平易樸素的品行，不僅為百官樹立了榜樣，也深深感動了百姓。

　　他對內提倡教化，開啟民智，改變了秦國落後的面貌，對外改善與鄰國的關係，不興戰事，「謀無不當，舉必有功」，使得秦國短短幾年便國富民強，從一個蠻荒小國一躍成為軍事強國，開創了秦國的霸業，也為今後秦國兼併六國、統一天下奠定了基礎。

重耳

逼出來的春秋霸主

　　他本是晉國國君晉獻公的二公子，卻在四十三歲那年被逼出逃。為了生存，他輾轉流浪八個國家，四處乞食。從西元前六五五年到西元前六三六年，漂泊流亡十九年，終於回到自己的國家。他就是晉國歷史上最有作為的君主——晉文公重耳。

　　重耳（前697-前628）從晉國逃到狄地，一住就是十二年，還娶妻生子，生活安逸。如果沒有弟弟夷吾繼位之後派人刺殺他，恐怕他就這麼過下去了，但命運就是這樣，總在一步步推著你往前走。

　　春秋時，各國貴族因為國內政治鬥爭出逃的比比皆是，他們一般都會受到其他國家的禮遇。重耳逃到齊國後，受到齊桓公的熱情接待，還把一位貴族姑娘嫁給了他。這日子簡直比在晉國還要安逸啊！重耳樂不思「晉」，在齊國一待就是五年，慢慢忘記了要回國的念頭。但追隨重耳的賢士們可不甘於這樣了此一生，他們把重耳灌醉，悄悄帶離了齊國。重耳酒醒後大怒，竟然要殺了他們。但冷靜下來之後，他也認識到客居他國不是長久之計，再說已經出來了，怎麼好意思再回去？

雖然有齊、宋、楚、秦等國對重耳熱情招待，但也有衛、曹、鄭這樣的國家對重耳不理不睬，甚至侮辱。各國懷抱的政治目的不同，對晉國時局的看法不同，對重耳的態度自然不同。

長年的政治流亡，重耳有機會瞭解各國的現狀和政治走向，他親歷民間疾苦，錘煉了自己的意志，也考驗了追隨者的忠誠。這些都為他日後稱霸天下打下了基礎。

在秦國的支持下，重耳成功回國即位，史稱晉文公。晉文公在位八年，時間不長，卻對晉國的經濟和政治體制進行了卓有成效的改革，開創了晉國長達百年的霸業。

晉文公退避三舍　宋虎立／畫

董狐

堅守真話的力量

　　中國一直是歷史觀念很發達的國家，史官文化源於巫文化，早期溝通天人、替皇帝問神卜卦的巫官就承擔著史官的責任。西周時，史官的職能更進了一步，有了記事的職責。慢慢地，形成了史官制度，發展成一種對皇權有所制約的力量。

　　寫真實的歷史要付出很大的代價，甚至生命，比如春秋時以身殉史的齊國太史三兄弟。不過，也有幸運的董狐。

　　董狐（生卒年不詳）是春秋時期晉國太史，出生在今天翼城縣東五十里的良狐村。關於他的事蹟已不可考，如今流傳下來的就是他剛正不阿、秉筆直書的故事。

　　當時晉國正卿（執掌國政的官職）名叫趙盾，經常勸諫晉靈公。晉靈公是個昏君，被惹怒後，就想方設法要殺死趙盾。趙盾很幸運，接連幾次逃脫。趙盾的族弟趙穿一怒之下，便帶兵殺了晉靈公，另立新君，把逃到邊境的趙盾迎接回來，官復原職。

　　君主就算再昏庸，臣子殺君主也是不忠不義，要被世人唾罵，所

以趙盾十分忐忑，想看看史官是如何記錄這件事的。

這天下午，他找到負責編寫國史的董狐，調出資料一看，竹簡上赫然寫著：「趙盾弒其君。」

趙盾很生氣，狠狠地一摔竹簡：晉靈公死的時候我都不在朝中，怎麼能說是我殺的呢？你這樣亂寫，是要被殺頭的！

董狐明知趙盾大權在握，卻依然毫無畏懼，不慌不忙地答道：你那時雖然不在朝中，可還是國家大臣。再說，你回來後也不對殺死國君的兇手問罪，說你不是這件凶案的主謀，誰也不信。

趙盾被駁得啞口無言，只好轉身離開。

董狐不畏權勢、堅持直書實錄的精神被人稱頌，從此成為史家以及士人的榜樣。後來，人們稱讚正直的史官，就以「董狐」作比，把直書其事的文筆，贊為「董狐之筆」。

真實的歷史，就是在像董狐這樣的史官與當權者較真與對抗中，跌跌撞撞地被記錄下來。

祁奚

推薦賢才不避親仇

兩千多年前，因父親的封地在山西祁縣，他以祁為姓，被稱祁奚；兩千多年後，人們讚歎他舉薦賢能、不避親仇的優良品質，為其修建了祁大夫廟，世代尊崇、供奉。

祁奚（前620-前545）本姓姬，是晉獻侯的後代。他一生經歷四朝，當官六十年，為人正直，德行賢良。祁奚年老後，向晉悼公請求退休，晉悼公就請他推薦接替的人選。

祁奚推薦了殺父仇人解狐。一個人就算再寬宏大量，也不可能提攜自己的仇人啊！但祁奚的想法和常人不一樣，他反問晉悼公：您是在問誰能擔當這個職位，還是在問我的仇人是誰？

不巧的是，解狐還沒上任就去世了。晉悼公又來讓祁奚推薦人選，祁奚說自己的兒子祁午合適。為國舉薦賢臣，他根本不怕別人說自己走後門。

人們聽說了祁奚的事後都嘖嘖稱讚，說：他推舉仇人，不是討好巴結；推介他的兒子，不是偏心私心；選拔朋友的兒子，不是為了結

黨營私。他完全是為了國家舉薦賢才，唯才是舉啊！

祁奚隱退十八年後，晉國有名的賢士羊舌氏叔向因受同父異母的弟弟牽連，要被砍頭。祁奚不顧年老體衰，連夜進京向國君求情。成功救人後，祁奚就徑直回了家，叔向也沒專門去謝救命之恩——都是為了國家，並非因為私交，感謝之類的話就免了吧。

祁奚贏得了當時朝野內外的一致讚譽，其言行也成為衡量是非曲直的標準。

師曠

順風耳的原型

也許你聽過一個成語「師曠之聰」，形容人的耳朵很靈。但是你可知道，師曠是誰？他有著怎樣的傳奇故事？他和順風耳又有什麼關係？

師曠（前572-前532）生活在春秋末年，是晉國羊舌食邑（今山西洪洞縣曲亭鎮師村）人。師曠是個盲人，有人說，他生下來就沒有眼睛；也有人說，他為了心靜，所以用艾草熏瞎了雙眼；還有人說，他自幼酷愛音樂，但是生性愛動，所以，在向衛國宮廷樂師高揚學琴的時候，用繡花針刺瞎了雙眼，專心苦練，終於青出於藍而勝於藍，琴藝逐漸超過了師父。

師曠雖然眼盲，卻擁有非凡的琴藝和超群的聽力。傳說他彈琴時，馬兒會停止吃草，仰起頭側耳傾聽；覓食的鳥兒會停止飛翔，翹首迷醉，丟失口中的食物。師曠的聽覺比晉國鑄鐘的樂工還要靈敏，他精通陰陽學，能從聲律中聽吉凶，被後人稱為樂聖，還被演化為順風耳的原型，成為道教的守護神，甚至被稱為盲人算命的祖師爺。

師曠不是只迷醉於音樂的人，他秉性剛烈、不畏權勢，有自己的

政治見解。他認為音樂可以傳播德行，靡靡之音、亡國之音不能聽，皇帝不能沉湎於個人享受，要懂得「仁義」「惠民」。

有一次，晉平公跟大臣們喝酒時感歎：沒有什麼比當國君更快樂的了，因為他的話沒有人敢違背。旁邊的師曠聽到後，認為這不是仁君應該說的，竟操琴向平公撞去。

師曠具有初期的民本思想，主張君主應該愛惜民力，珍惜人民的勞動成果，客觀上對勞動人民有利，故受到百姓的懷念。

韓厥

保全趙氏孤兒，壯大韓氏家族

　　他早年喪父，被趙盾撫養長大，位列晉國八卿之一；後來趙氏遭到毀滅性打擊，他保住了趙家唯一的血脈⋯⋯他是春秋中期晉國卿大夫，戰國時期韓國的先祖——韓厥。

　　韓厥（生卒年不詳），晉國曲沃（今山西臨汾曲沃）人。他曾被趙盾推薦為晉軍司馬，執掌軍中刑律。據《國語》〈晉語〉記載，秦晉河曲戰役中，趙盾為中軍元帥，他派出辦事的人駕著戰車橫衝直撞，擾亂行軍序列，韓厥當即將駕車的人抓住，依法處以死刑。別人都對韓厥的做法不理解，以為他會觸怒元帥，但趙盾不但沒有責怪韓厥，反而向別人誇讚他秉公辦事、執法嚴明。

　　後來，韓厥擔任新中軍主將，兼僕大夫，又做了下軍主將。西元前五七三年，韓厥任中軍元帥，執掌晉國國政，迎來了事業的巔峰，成了晉國一人之下、萬人之上的正卿，印證了昔日趙盾的預言——「他日執晉政者，必此人也！」而韓氏家族也因為韓厥的飛黃騰達而再度顯赫。

　　韓厥的政治主張，是樸素的民本思想。在晉景公謀劃遷都時，許

多人建議，從故絳（今山西翼城縣東南）遷到郇（今運城解池西北）、瑕（今解池南）之地，那裡土地肥沃，盛產食鹽，「國利君樂」。而韓厥一心想著百姓生活，他認為，郇、瑕之地「土薄水淺」，地下水位高，太潮濕，容易生風濕病，會引起人民愁怨，應該遷到新田（今山西侯馬），那裡「土厚水深」，百姓可以安居樂業。

春秋爭霸時期，晉國內部各大家族之間爭權奪利的矛盾和鬥爭非常激烈，但韓厥一直保持著超然的姿態。西元前五八三年，欒氏、郤氏兩大家族協助晉景公滅了趙氏。韓厥和趙氏淵源很深，但他沒有感情用事，他知道自己的力量難以抗衡，便悄悄保全了趙氏後裔。西元前五七四年，權臣欒書與荀偃突然發難，廢了厲公。他們力邀韓厥參與，卻被斷然拒絕。正是由於韓厥這種態度，使得韓氏家族得以保全壯大，成為三家分晉後的韓氏諸侯。

韓厥一生侍奉晉靈公、晉成公、晉景公、晉厲公、晉悼公五朝，作為政治家，他優秀而穩健，作為臣子，他公忠體國，外出打仗，他又英勇善戰，是一名不可多得的驍將。

尹鐸

千年晉陽城，安全他保障

　　趙國的始祖趙簡子有兩個得力的家臣，一個叫趙厥，一個叫尹鐸。一天，趙簡子歎氣說：「趙厥愛我，尹鐸不愛我。趙厥勸諫我，一定在沒人的時候說，尹鐸呢，專門找人多的時候，讓我在眾人面前出醜。」

　　尹鐸聽說後，反駁道：「趙厥只關心您會不會出醜，而不關心您的過錯。我則關心您的過錯，不在乎您是否出醜。我聽說自古以來明君都是能夠忍受羞辱的，不在眾人面前指出您的過錯，我怕您會覺得無所謂，不肯改過。」

　　趙簡子趕緊道歉：「是我錯了。」

　　關於尹鐸的身世、生卒年，史實沒有記載，只知道他的故鄉在今天翼城縣南梁鎮東尹村。明清以來的《太原縣志》，都把尹鐸列為晉陽建城以來的第一位名宦，他「保障」晉陽城（今山西太原市晉源鎮）的故事世代相傳。

　　趙簡子派尹鐸去治理晉陽。臨行前，尹鐸就採取什麼樣的治理方

針請示趙簡子：「一種是榨取老百姓的血汗以充實倉庫，一種是用寬厚的辦法，就像修築堡壘一樣為老百姓提供保障，讓他們的生活不斷富足豐厚起來，該實行哪一種方針呢？」趙簡子回答說：「一定要用保障的方針！」

尹鐸到任後，減輕稅收，收攬民心。趙簡子曾讓他拆除之前城外的壁壘，因為那是他以前的仇人留下的，但尹鐸認為趙簡子這個命令對治理晉陽有害無益，所以，不僅沒有聽從吩咐拆除，反而將其增高加固。

過了一段時間，趙簡子來晉陽視察，發現尹鐸陽奉陰違，立即怒不可遏，要殺了尹鐸。還好有隨從的臣子直言相勸，才讓趙簡子明白了尹鐸的良苦用心，轉怒為喜。

後來的事實證明，尹鐸的竭力經營和卓識遠見，使得晉陽城成了軍事抗爭的堅固大本營。趙簡子臨死前還吩咐他的兒子說：「日後若晉國有難，絕不要因為尹鐸年輕或者晉陽城遙遠而去別的地方，你一定要去依靠他。」

猗頓

白手起家的晉商祖師爺

山西臨猗縣牛杜鄉王寮村的村西頭，有一座墓園。規模不大，但古樸肅穆，這是古代巨商猗頓的墓園。自古以來，富比王侯者，何止百千人？但猗頓這位布衣商人，卻被世世代代地懷念著。

猗頓出生在春秋末期，生卒年不可考，真實姓名也無從考證，因為他在「臨猗停頓」、發家致富，所以被後人稱為猗頓。

猗頓雖然是窮苦出身，種地養蠶都虧了本，但他明白「窮則思變」的道理，也知道應該向賢能請教，站在先賢的肩膀上，自己才能走得更遠。而他的好老師，就是當時的全國首富陶朱公范蠡。范蠡給他傳授了快速致富的祕訣：從事畜牧業。

臨猗南部土壤潮濕，水草豐美，是從事養殖業的好地方。得到范蠡的指點後，猗頓便在這裡定居下來，並逐漸摸索出養殖規律、飼養方法，很快便成了當地的養殖大戶。

河東池鹽產量豐富，猗頓在販賣牛羊時，順便用牲畜馱運池鹽，一起賣掉。他發現，販運池鹽可以獲利更多。於是，猗頓開始著意開

發並從事池鹽生產和貿易，成為中國歷史上最早的鹽商。隨著生意越做越大，河東池鹽甚至被運到了西域，而西域盛產珍珠瑪瑙、珠寶玉器，他的生意又擴展到珠寶領域。

十年後，猗頓家產豐碩、富甲天下，與老師范蠡齊名，連王孫貴族都不能與他相比。但富起來的他沒有忘本，不僅在臨猗王寮村修建陶朱公廟，表達對范蠡的感恩之情，還樂善好施、賑濟於民，遠近百姓都來歸附於他，慢慢地在他家附近形成了一個居民區，即古城「猗頓城」。後來，改朝換代、歲月變遷，古城被毀，後人也逐漸淡忘了這個名字。

如今，在猗頓墓園的東邊，還有一座猗頓祠。原有的「猗頓祠」三個大字相傳是明朝崇禎皇帝親筆御書，後來在「文化大革命」中被燒，舊祠堂也在日本侵華時被毀。人們又建了新的祠堂，以示對猗頓的感懷和敬仰。

趙簡子　趙襄子

對於傳位這件事，我們喜歡搞特殊

　　春秋末期、戰國初年的政治舞臺上，有這麼一對父子，雄踞於三晉大地，叱吒風雲半個多世紀，他們建立了古晉陽城（今山西太原市晉源鎮），強盛了趙氏，為後人留下許多傳奇故事。他們就是趙簡子、趙襄子。

　　趙簡子（？-前475）名鞅，諡號「簡」，是著名的「趙氏孤兒」趙武的孫子，年輕時承襲父親的爵位，成為晉國的主政者。在當時激烈複雜的政治鬥爭中，趙氏雖然屢遭劫難，實力卻越來越強。趙簡子不拘一格選用賢能，多方納諫改革朝政，經濟、法律、軍事、外交齊頭並進，到他去世前，晉國最有實力的六個家族裡，趙氏已然成了領頭羊。

　　他的兒子趙襄子（？-前425）也不負所托，將他創造的基業很好地繼承了下來，並且把家族事業發揚光大，最終與韓、魏兩家一起瓜分了晉國。成為一個嶄新的諸侯國，是戰國七雄之一。

　　趙簡子選接班人的眼光很獨到。不過，當初他也進行了好大一番思想鬥爭。本來已經選定了大兒子伯魯，但後來他發現，小老婆生的

毋恤挺有才，在好多方面比他大哥還強。按照古代宗法制，繼承人要立嫡長子，趙簡子能從這個思維框框裡跳脫出來，不管嫡庶，不分長幼，誰有君主之才就立誰，這份思想和胸襟，已經很先進了。

趙襄子比他父親更有氣度。當上君主後，他並沒有忘了哥哥伯魯。後來，滅了姐夫的代國之後，趙襄子把代國封給了伯魯的兒子。臨死前，又把趙國君主的位子傳給了伯魯的孫子。

趙襄子和妻子有五個兒子，足以選出一個繼承人，可他卻千方百計把王位還給了哥哥的孫子。時隔千餘年後的宋朝，也發生了一件跟傳位有關的事。宋太宗趙光義得到哥哥趙匡胤的皇位後（且不說他是如何得到的），卻逼死了侄兒，為的是自己的江山代代永固。中國幾千年歷史長河中，為了權力或財產，兄弟、父子、叔侄反目、互相殘殺的事比比皆是，反觀前人趙襄子，著實讓人深思。

廉頗

一代猛將報國無門

人們對廉頗的瞭解，多來自於成語「負荊請罪」。但事實上，除了成語故事塑造的有錯就改、可愛、直腸子的廉頗之外，歷史向我們展示了一個更加悲情的廉頗。

廉頗（生卒年不詳），戰國時趙國的名將，以勇猛果敢聞名於各諸侯國。因為有他，很長一段時間，強大的秦國不敢攻打趙國。廉頗不但武藝高強、箭法出眾，還善於用兵打仗，是傑出的軍事將領。他率兵討伐征戰數十年，攻城無數，戰功赫赫。

但後來，趙王中了秦國的離間計，認為廉頗老了不中用了，改派青年將領趙括代替他。廉頗受到排擠，被解除軍職，一怒之下離開趙國，投奔魏國。魏王雖然收留了廉頗，但並不信任他，也不重用他。

此時，趙國因多次被秦國圍困，吃了幾次大虧，趙王就想起了老將廉頗，派使者帶著名貴的盔甲和快馬去找廉頗，看他的身體情況怎麼樣，還想不想為國效力。

廉頗一心為國，早就想回去了。為展示自己威風不減當年，還能

上陣打仗、為國立功，他一頓飯吃了一斗米、十斤肉，飯後披甲上馬，拉弓射箭，舞槍刺殺，果然是寶刀未老。

使者走後，廉頗日夜盼望著趙王的任命，可惜一直沒等到。原來，廉頗的仇人唯恐他再度得勢，暗中買通使者在趙王跟前說他的壞話。所以，使者回去後報告說：廉將軍雖然老了，但飯量還很好。不過，跟我在一起的一會兒工夫，他就上了三次廁所。

趙王一聽，以為廉頗老了，就再沒提讓他回來的事。得不到祖國信任的廉頗，一腔熱情付諸東流，每天憂愁抑鬱，悶悶不樂，最後死在異國他鄉。

只要一息尚存，就要全身心地報效祖國，這是愛國英雄們的本色。但縱然廉頗勇猛有才，遇到昏庸的趙王，朝中奸佞當道，也只能「長使英雄淚滿襟」了。

廉頗老矣　尚能飯否　宋虎立／畫

藺相如

動輒以死相搏的外交家

　　從宦官繆賢的門客到著名的政治家、外交家，藺相如的成功路走得異常艱辛，每每以命相挾，如履薄冰。

　　藺相如（生卒年不詳），戰國時期趙國人，祖籍在今呂梁市柳林縣孟門鎮。

　　經歷代學者考證，藺姓出自韓姓，而韓姓出自姬姓，是黃帝後裔。春秋時，韓氏在晉國位列公卿。韓氏一支韓厥玄孫韓康在三家分晉後為趙國大夫，食采於藺（今山西離石），便以封邑為氏，稱為藺氏。藺相如就是藺氏立姓早期第一個影響深遠、功績卓著的代表人物。

　　藺相如的發跡緣於一塊玉。

　　聽說趙王得了一塊和氏璧，秦王也想要，還說願意拿十五座城池來換。對於秦王的要求，趙國上下都束手無策：不給吧，理虧，強大的秦國說不定會借此攻打趙國；給了，又怕自己吃虧，賠了美玉也得不到城池。就在趙王無計可施之時，宦官繆賢向他推薦了自己的門

客——藺相如。

藺相如帶著美玉去了秦國，見到秦王後，他認真觀察、仔細分析，發現秦王無意用城池交換，藺相如假意說要指點玉璧上的瑕疵，一拿到美玉便以死相抗，逼得秦王不得不從長計議。當晚，藺相如就派人帶著美玉悄悄返回了趙國。秦國沒有把城邑給趙國，趙國也始終不給秦國和氏璧。

身為使臣不受諸侯的欺辱，趙王封藺相如為上大夫。

西元前二七九年，為了集中力量對付楚國，秦王約了趙王在澠池會面，互修友好。藺相如跟著趙王前往赴會。席間，秦王讓趙王彈

完璧歸趙　宋虎立／畫

琴，還讓史官記下來，有意羞辱趙王，藺相如便上前請秦王擊缶（古代一種瓦質的打擊樂器），秦王不肯，藺相如舉著缶說：「五步之內，我脖子裡的血就要濺在大王身上了！」藺相如以命相搏，竟逼得秦王做出讓步，敲了一下缶。秦國大臣隨後和藺相如唇槍舌劍、你來我往，但直到酒宴結束，也始終未能壓倒趙國。

依靠過人的膽識和出色的外交才能，藺相如力挽狂瀾，幫趙國賺回了面子，贏得了尊嚴，使得強大的秦國不敢小覷，為後人稱頌至今。

李冰

科學治水，造福百姓兩千年

　　成都平原能成為天府樂土，功勞多在於李冰創建都江堰。《史記》中說：都江堰建成後，成都平原從此再沒有饑饉荒年。秦始皇焚書坑儒，加上秦漢時期戰爭毀壞，許多珍貴的檔案文書都被損壞，導致關於李冰的記載語焉不詳，生卒年也不可考。直到一九九九年，才由各方確認，李冰是今山西運城人。

　　大約在西元前二五六年，李冰被任命為蜀地郡守。看到當地東旱西澇，災情嚴重，李冰很著急，剛一上任就開始著手進行大規模的治水工作。

　　作為戰國時期傑出的水利工程師，他親自設計和組織興建了都江堰。都江堰位於四川省中部岷江中游，整個工程由分水堰、飛沙堰和寶瓶口三個主要部分組成。它規模宏大，布局合理，不止能防洪，還有灌溉、航行的功能，這在世界水利工程史上也是罕見的奇跡。李冰曾在都江堰設立石人水尺，這可是中國早期的水位觀測設施。

　　他帶著兒子李二郎開鑿灘險，疏通航道，修索橋，開鹽井。在治水的過程中，父子二人還排除種種迷信的阻撓，堅持用科學的方法來

治理水患，及時、成功地處理了工程中的問題和緊急狀況。兩千多年來，都江堰一直發揮著巨大的作用，保障著當地農業生產。

　　老百姓懷念李冰父子的功績，在都江堰渠首建造了二王廟，每年清明時節，都會在二王廟舉行祭祀活動和開水典禮，頌揚、紀念他們崇拜的「川主」李冰。東漢以後，民間開始流傳李冰治水的各種傳說，北宋時，又有神話人物二郎神的原型就是李二郎的說法。至今，當地還流傳著李冰羽化飛升的美麗傳說。

荀子

離經叛道的儒家宗師

古希臘三哲，蘇格拉底、柏拉圖和亞里斯多德，以他們為代表的古希臘文化，奠定了整個西方文明的基礎。幾乎是同一時期，在中國，儒家學派也誕生了三位大師，孔子、孟子和荀子，對華夏文明影響至深。

現在我們一般稱孔子為至聖，孟子為亞聖，荀子為後聖。然而，在文廟中，卻沒有荀子的一席之地，似乎在傳統儒生看來，荀子不能算是孔子嫡傳的門人，但荀子繼承了儒家學說，並有所發展，還吸收一些別家之長，在儒家中自成一派。比起孔子有名的幾個門人「宗聖」曾參、「復聖」顏回、「述聖」子思，甚至與孟子相較，荀子也不遑多讓。

荀子（約前313-前238），名況，戰國末期（西元前4世紀中葉）趙國人，生於今山西安澤縣。在齊國三次出任稷下學宮的祭酒，也就是負責人，被稱為「最為老師」（老師中的老師），還在楚國擔任過蘭陵令。

荀子主張性惡論，與孟子的性善論針鋒相對。他認為人的本性是

惡的，所以不可能有天生的聖賢；人性善是受教化的結果。荀子宣揚儒家的王道思想，主張以德服人，反對用強力來壓人，認為治國應該「平政愛民」。他將君主比作舟，庶民比作水，認為「水則載舟，水則覆舟」。不過，他也認為，必要的時候，應該採用刑罰。荀子禮法兼用、王霸並重，和之前的儒家有明顯的不同。

在天道觀方面，荀子受老子的影響，以為天沒有意志，不過是能生長萬物的自然界，不能決定人事的吉凶、禍福。他還提出人應該順應自然但也可以改變自然，即所謂「制天命而用之」的人定勝天的思想。

荀子的思想在當時可謂石破天驚，近乎離經叛道，這也是他在當時及之後的很長一段時期一直得不到公正評價的根本原因，但如譚嗣同所說，中國兩千年之學，荀學也。幾百年後，在歐洲的古羅馬，中世紀哲學的奠基人、基督教神學的傑出代表奧古斯丁提出了「原罪論」，與荀子的觀點幾乎不謀而合。

荀子有兩個著名的學生，韓非和李斯，是中國傳統學術重要流派法家的主要人物，韓非奠定了秦國統一天下的思想基礎，而李斯是秦這個中國第一個大一統王朝禮樂典章的制定者，也就是說，作為儒家一代宗師，荀子同時開啟了法家的先聲。

兩漢

衛子夫

美人的品行比臉蛋更重要

「生男毋喜，生女毋怒，獨不見衛子夫霸天下。」古代臨汾地區曾流傳這樣一首歌謠，說的是衛子夫從歌女到皇后，一人得勢、全家富貴的傳奇故事。

衛子夫（？-前91）是平陽（今臨汾）人，本是漢武帝姐姐平陽公主家的歌女，被漢武帝劉徹臨幸後入宮，進宮後卻又被皇帝拋到腦後。後來，皇帝要遣散一批宮女，衛子夫就跑去哭訴，求皇帝也放她回家。皇帝被她梨花帶雨的美麗面容打動，再次臨幸衛子夫。這一次，她懷上了龍種。漢武帝二十九歲得到皇長子，也就是後來的太子劉據，自然高興萬分，衛子夫母憑子貴，被封皇后，一步登天。

在複雜的後宮中，衛子夫從未因地位尊貴恃寵而驕，而是處處小心，以恭謹謙和贏得漢武帝的恩寵。雖然後來因年老色衰而逐漸失寵，但她德行敦厚，漢武帝非常尊重她，對她掌管的後宮事務極少干涉。

雖然弟弟衛青立下許多戰功，但衛子夫謙遜低調，對衛氏子弟的管教格外嚴格，生怕有什麼閃失。可惜衛青的四個兒子都不成器，衛

子夫流著淚向皇帝報告，請求剝奪對衛氏子弟的封賞。皇帝說，這個事我知道，但是我不想讓皇后憂傷。這件事足可見他們夫妻感情深厚。但是，終於有一天，衛青最小的兒子因為罪惡太大，被處以死刑，皇帝也一併剝奪了衛青其他幾個兒子的封爵。事後，害怕衛子夫太傷心，皇帝又安排大臣去安慰衛子夫，並代他道歉。

常言道，樹大招風。衛氏家族的富貴，招來一些人的嫉妒和陷害。加之漢武帝晚年信任酷吏江充，而此人與太子劉據不和，最終以巫蠱之罪陷害太子，衛子夫也因此受到牽連，廢掉皇后尊號，被迫自殺。

深宮之中，容貌從來無法久遠，唯有品性才能植根人心。衛子夫做了三十八年皇后，是中國歷史上在位時間第二長的皇后。她的曾孫漢宣帝給她追封諡號「思」，成為史上第一個有自己諡號的皇后。

衛青

抗擊匈奴無一敗仗

中國歷史上的名將燦若繁星，然而堪稱常勝將軍的，卻屈指可數。漢朝的衛青算一個。

衛青戎馬生涯只有十年，從偏將車騎將軍到三軍統帥大將軍，七次攻打匈奴，七戰七捷，既打破了漢初以來匈奴不可戰勝的神話，還將匈奴趕出漠南，平定了大漢帝國的北部疆域，為歷代兵家所敬仰。

衛青（？-前106）是河東平陽（今山西臨汾）人，出生貧賤，母親是漢武帝姐姐平陽公主家中女僕，因與縣吏鄭季私通，生下衛青。衛青後來回到鄭季家中，然而鄭季的原配妻子看不起他這個私生子，把他當僕役，讓他去山上放羊，鄭家的幾個兒子也不把衛青當作手足兄弟，隨意苛責。衛青在這樣的環境下生活，受盡了苦難。衛青成人後，不願再被鄭家奴役，便回到母親身邊，做了平陽公主的騎奴。

衛青的發跡是因為他同母異父的姐姐衛子夫。衛子夫進宮後，衛青作為皇帝的小舅子，也跟著進宮，青雲直上，得到領兵出征一展抱負的機會，直至拜大將軍、大司馬，封長平侯，又娶了平陽公主為妻。

雖然戰功顯赫，權傾朝野，但衛青從不結黨、干預政事。而且，他為人謙讓仁和，敬重賢才，從不以勢壓人，能與將士同甘苦，威信很高。正因為此，姐姐衛子夫年老失寵後，衛青也並未受到影響。

衛青死後，漢武帝按國葬禮儀命人在自己的陰宅茂陵旁邊修建了一座像陰山（匈奴境內的一座山）的墳墓，象徵衛青一生的赫赫戰功，可見對其情誼之深。

直到今日，臨汾青城村還有大將軍故里，任意走進一位村民家，他都會告訴你，這就是衛青小時候放羊的地方。那時候，他在這個村裡並沒有過幾天好日子，但他走後，這個村子卻因他而享有榮光。而今，硝煙散去，漢族與匈奴的仇恨也在漫長的歲月裡消於無痕，但衛青的故事還將傳說下去──王侯將相歸於塵土，功業與聲名卻將永存。

霍去病

少年戰神踏陰山

霍去病（前140-前117），出生於河東平陽（今山西臨汾），是名將衛青的外甥。他精於騎射，不屑於像其他王孫公子那樣，在長安城裡放縱聲色，享受長輩的蔭庇。他渴望殺敵立功的那一天。

西元前一二三年，漠南之戰。未滿十八歲的霍去病主動請纓，漢武帝賞識他的勇敢，便封他為驃姚校尉，讓他挑選八百名精銳騎士，隨軍出征。

驃姚，就是彪悍、勇猛、迅疾的意思。霍去病沒有辜負這個官號，很快，就在這次跟隨舅舅衛青的征戰中一鳴驚人。戰鬥打響後，霍去病率領輕騎兵衝入敵陣，大殺四方，好不痛快！在征殺中，輕騎兵不知不覺脫離了主力部隊。孤軍深入，是兵家大忌，稍有不慎，就會全軍覆沒。但霍去病頭腦異常清醒，指揮若定，帶領將士直插敵後，看準目標，發起猛攻。最後一舉斬殺二千名敵兵，匈奴單于的爺爺和叔叔也成了他的俘虜。

首次出征就建立了如此功勛，功冠全軍，漢武帝異常開心，下令褒獎，封霍去病為冠軍侯。

霍去病以這樣奪目的戰果，向世人宣告，漢朝最耀眼的一代名將橫空出世了。

十九歲，他三征河西，開疆拓土，重創匈奴，再立戰功。二十一歲，統帥三軍，縱橫漠北。數次指揮大軍與匈奴會戰，每一次都是深入險境，孤軍奮戰，每一次都是以寡敵眾，大勝而歸！

霍去病這個名字，似乎成了青春、勇武與奇跡的象徵。他用兵靈活，注重方略，不拘古法，行如閃電，戰如猛虎，深得漢武帝的信任，與衛青合稱為「帝國雙璧」，並留下了「匈奴未滅，何以家為」的千古名句。

然而，就在萬眾矚目、集萬千寵愛於一身之時，二十三歲的他，突然畫上了生命的句號。仿佛一顆流星一般，劃過夜空，耀眼奪目，但卻匆匆而來，匆匆而去，讓人為之扼腕歎息！

漢武帝對霍去病的死非常悲傷，下令將霍去病的墳墓修成祁連山的模樣，以彰顯他力克匈奴的豐功偉績。

義姁

中國第一位女大夫

說起古代名醫，相信很多人都能扳著指頭列出好幾個人名，扁鵲、華佗、李時珍等等。女人在古代社會地位低，能識字的都是少數，更何況行醫。但史書中記載了這麼一位名醫，是個女人。

她的名字叫義姁，不知姓義名姁還是名為義姁，生卒年不可考，但可以肯定的是，她是今永濟人，行醫的時間在漢武帝年間。

西漢時，國家各項制度都比較健全，尤其是醫學制度，人們認識到男性在看婦科方面的不方便，於是設立了「女醫」，當時稱為「視產乳之疾者」。

義姁從小就聰明伶俐，喜歡鑽研醫術，有時候村裡來了「赤腳醫生」走街串巷地給人看病，她就看人家怎麼望聞問切，怎麼把脈聽診，聽人家講解醫術醫理，有不懂的地方就虛心求教。時間長了，她積累的知識越來越多，也獲得了豐富的實踐經驗。

有一天，來了一個肚子脹得像灌滿了氣的皮球一樣的病人，義姁診斷之後，取出幾根銀針，在那人下腹部和大腿部各扎了幾針，然後

拿出她自製的藥粉，撒在病人肚臍上，隨後開方抓藥。三天后，病人的腹脹開始消退，不久竟痊癒了。從此，義姁的醫名就在方圓百里傳開了，附近的百姓都來找她看病，別的村子也有慕名前來的病人。

漢武帝的母親王太后年老多病，看了多少名醫也不好，一次，漢武帝無意間聽人說起義姁醫術高超，不但擅長內科外科針灸，而且用藥很特別，只是在山裡采些花草樹葉，就能給人治病，療效還非常好。於是，漢武帝宣召義姁進宮，封她為王太后的特別侍醫。

自進宮後，關於義姁的故事，官方便沒有了記載。但她的大名還是在中國醫學史上留下了筆墨，被譽為「巾幗醫家第一人」。

霍光

誰當皇帝他說了算

霍光（？-前68），河東平陽（今山西臨汾）人，是西漢名將霍去病同父異母的弟弟。

幼年的霍光並不知道這位哥哥的存在，直到二十一歲的霍去病攻打匈奴，路過平陽，查訪到自己的父親霍仲孺，兄弟二人才得以相認。打了勝仗歸來，哥哥非但沒有追究父親當年拋妻棄子的行為，還把霍光帶到了京城長安。

那時的霍光才十幾歲，聰明可愛，機靈持重，深受漢武帝的喜愛。從那以後，霍光一路升遷，經常跟著皇帝車駕出行，陪伴左右。因為小心謹慎，從不出錯，所以，漢武帝臨終前將七歲的太子劉弗陵託付給他。

從此，霍光開始了他的輔政生涯。作為一代名相、三朝輔政大臣，霍光對漢朝的貢獻功不可沒。他一生做了兩件大事，一是輔佐年幼的漢昭帝劉弗陵，二是廢掉已經即位的驕奢淫逸的昌邑王劉賀，另立漢宣帝。這兩件事，在之前的朝代裡都曾經發生過，一個是周朝時的周公，輔佐年幼的周成王；一個是商朝的丞相伊尹，因為商王太甲

極其殘暴，伊尹把太甲祕密關押了三年，直到他改邪歸正之後才把政權歸還太甲。霍光先學周公，後仿效伊尹，當機立斷，聯合群臣把昌邑王劉賀趕下皇位，繼而立漢宣帝，使得漢家天下轉危為安。可以說，霍光忠於漢室又果敢善斷、知人善任，是一位深謀遠慮的政治家。

然而，霍光治家不嚴，霍氏後人有恃無恐，荒淫無度，連家奴都敢橫行不法，隨意調戲民女。因此，雖然霍光有恩於皇室，卻在死後不到三年，家族即遭滅頂之災，被滿門抄斬。

世間萬物都是辯證的、福禍相依的。富貴之時，一定不要忘了約束自己，更不該忘了嚴格要求子孫後代。

常惠

蘇武副手，做了十九年苦役

「蘇武留胡節不辱，雪地又冰天，苦忍十九年。渴飲雪，饑吞氈，牧羊北海邊……」這首歌在中國家喻戶曉，講的是漢武帝時，中郎將蘇武奉命出使匈奴，被扣十九年，最終不辱使命的故事。蘇武的故事流傳得很遠，但人們向來只知蘇武，卻不知常惠。作為隨同大使蘇武出使匈奴的副使，他被扣留後經歷了比蘇武更悲慘的生活。

常惠（？-前46），太原郡（今太原）人，在貧寒家庭中長大，為人沉著機敏、謙恭好學，說話不多，決斷力強。那時匈奴經常騷擾邊境，西元前一一九年，衛青、霍去病大敗匈奴，匈奴退到了漠北。十九年後，為鞏固軍事上的勝利，漢武帝對匈奴實行和盟政策，派蘇武、常惠出使匈奴。

但是，到達漠北後，他們發現匈奴單于缺乏和盟的誠意，還用高官厚祿拉攏遊說，想讓他們背棄國家，歸順匈奴。見蘇武和常惠絲毫不為所動，惱羞成怒的單于扣留了他們，為消磨其意志，讓蘇武去今天的貝加爾湖一帶牧羊，常惠則被囚在牢獄，備受繁重苦役的折磨。

如果說蘇武牧羊受的是饑寒交迫、罕見人煙之苦，常惠則完全淪

為奴隸，喪失了做人的自由。但不管受到怎樣的虐待，他始終沒有忘記自己是大漢的使者，士可殺不可辱，他以堅定的信念一直恪守著民族氣節，面對匈奴人多方面的威脅、利誘，堅持十九年而不屈。直到漢武帝病死，漢昭帝即位，匈奴與大漢重新和好，常惠和蘇武才被釋放，送回漢朝。

回去後，常惠受到漢昭帝和同僚們的稱讚和信任，之後就一直幫皇帝處理匈奴問題。漢宣帝即位後，與匈奴的關係又變得緊張，漢宣帝又派常惠聯合西鄰諸國，結成軍事聯盟，共同抗禦匈奴。蘇武死後，常惠接替了他的職位，專門處理國家的外交事務，成為西漢中期的主要外交活動家，活躍在處理漢朝與西域各國、北方匈奴關係的舞臺上，功績卓著。

常惠在匈奴十九年，受盡精神和肉體雙重的苦難和壓迫，卻絲毫不改初衷。他所體現的，是一種人世間最堅韌的意志和最執著的守候。

班婕妤

被皇帝冷落，成就一代詩名

班恬（前48-2），樓煩人（今天的寧武一帶）。十七歲被選入皇宮，隨即被封為婕妤（嬪妃的一個等級）。從此，班恬這個名字被男權社會隱去，歷史上多了一個班婕妤。

事實上，班氏一門，在漢代是很有名望的家族，文武勛功、德行學問，都顯赫一時。班婕妤的父親班況在戰場上立下汗馬功勞，她的幾位兄長、弟弟，也都以博學著稱，在朝中深受皇帝器重。侄子班彪及班彪兒女班固、班昭，都是東漢著名的史學家、文學家，班彪的另一個兒子班超則是有名的外交家。

班婕妤入宮後，以其極高的文學造詣和擅長音律的才情，讓漢成帝為之傾倒。後宮很少有這樣的才女，既有美豔的風韻，又善解人意，能與男人談詩作賦。對於漢成帝而言，班婕妤不只是他的侍妾、后妃，更是紅顏知己。

那時皇帝出遊，會乘坐一種豪華的車子，上面罩著美麗的綾羅，下面鋪著錦緞做的坐墊，前面有兩個人拖著走，人們稱之為「輦」。皇后妃嬪們坐的車子，就沒這麼豪華了，並且只能跟在皇帝後面。可

是漢成帝太喜歡班婕妤了，在宮中與她朝夕相守，出門也想形影不離。所以，特地命人製作了一輛大一點的輦車，想在出遊的時候和班婕妤一起乘坐。但是班婕妤拒絕了，她說，「古代的明君，旁邊都有忠心愛國的臣子，夏商周三朝的亡國皇帝旁邊才坐著妃子呢！如果我和您坐一輛車同進同出，那不就和那些禍國的妃子們一樣了嗎？」

漢成帝覺得言之有理，便打消了同輦出行的念頭。皇帝的母親王太后聽說這件事後，也對班婕妤大加讚賞。但是好景不長，擅長跳舞的趙飛燕進宮後，漢成帝見異思遷，漸漸冷落了班婕妤。

班婕妤雖然不擅長宮鬥，但她很聰明，知道急流勇退、明哲保身，於是自請前去侍奉王太后，一來遠離充滿嫉妒與排擠的是非之地，二來依靠王太后這個靠山，就不怕再被陷構。她也知道，自己就像那秋天的團扇，再也得不到漢成帝的憐愛。愛情對她來說，就像一陣甜蜜的春風，吹走了，就再也不會回來。心如止水的她，每天除了陪侍王太后，就是以詩寄情，抒發心中的感慨，為後代文壇留下了許多精美的詩篇。

班婕妤一生恪守男權社會中女性的價值尺度，侍君不逾禮法，但在那個封建社會的樊籠裡，她的玲瓏心又有誰會去認真聆聽、細心呵護呢？可憐伊人獨憔悴，空留一腔愛意寂寞終老，後人也只能從詩句中去揣摩她纏綿悱惻的情感世界了。

貂蟬

風華絕代的雙面女間諜

　　貂蟬，中國古代四大美女之一，「沉魚落雁，閉月羞花」中的閉月，雖然並沒有記載於史書，但「貂蟬」之名卻並非憑空捏造。山西有句老話，忻州無好女，定襄無好男。意思是，忻州出了貂蟬，定襄出了呂布之後，風水都被占盡了。貂蟬以美貌聞名，呂布則以勇猛著稱。而最有意思的是，這兩人是一場大陰謀中的男女主人公。

　　東漢末年，權臣董卓殘忍暴戾、隻手遮天，大臣王允忠心漢室，決計為民除害。董卓有一義子呂布，勇猛無比，當世無人能敵。所以，欲殺董卓，必須先離間他和呂布的關係。打擊敵人，要知道對方的弱點。自古英雄難過美人關，呂布愛美人，董卓好色，這義父義子還真是投契。

　　貂蟬是忻州木耳村人，從小寄居在王允家中。學了一身察言觀色的本領，再加上天性聰慧、善解人意、嘴甜心細，頗得王允歡心。一天夜裡，王允將他籌謀多時的計策對貂蟬和盤托出。普天之下，多少忠臣義士，多少猛將勇夫都除不掉一個董卓，如今，卻要讓一個肩不能扛、手不能提的弱女子去承擔。

第二天，王允設宴款待呂布。醉眼朦朧中，貂蟬驚鴻一現，呂布魂牽夢繞。又過了兩天，王允又偷偷把貂蟬送給了董卓，卻對呂布說是董卓搶走了貂蟬。呂布去找貂蟬瞭解真實情況，貂蟬裝作很愛呂布，說自己被董卓霸占十分痛苦。妒海滔天的呂布終於與董卓反目，親手殺死自己的義父。

至此，貂蟬的使命完成，其下落卻眾說紛紜。有的說自刎而死，有的說被曹操擒獲，後來為籠絡關羽，曹操將貂蟬與赤兔馬一起送給了關羽，而關羽留下駿馬，斬殺了美人。究竟真相如何，我們不得而知。

雖有人對貂蟬是否真實存在尚持懷疑態度，但忻州木耳村西南有貂蟬墓，「文化大革命」後期造田平墓時發現的城磚、墓磚都與貂蟬有關……

關羽

從戰場走向神壇的武聖人

關羽（？-220），河東解良人（今運城市解州鎮），據說他少年時在家鄉殺了人，逃往涿郡（今北京），即蜀漢昭烈帝劉備的故鄉。劉備當時正在那兒招兵買馬，於是關羽報名投效。和他一起成為劉備臂膀的，還有當地人張飛。雖然劉關張桃園三結義很可能是傳說，但三人同食同寢、恩同兄弟，卻是正史中明確記載的。

關羽投劉備之後，一生從未離棄背叛，在亂世中留下了一段忠義的傳奇。即使因戰敗失散而短暫效力於曹操帳下，但回歸的想法一刻也沒忘記，最終在替曹操於萬軍中刺死對方大將顏良後，掛印封金，毅然回到勢力更弱小的劉備陣營。

但不論劉備勢力強弱，關羽總是擔負重任。劉備占據巴蜀之地，晉位漢中王後，關羽被任命為前將軍，負責荊州地區——劉備集團主要的糧餉財稅之地和戰略要津——的防務，在二二〇年中計被孫權集團的將領呂蒙所殺。死後，孫權為嫁禍，將關羽的首級送給曹操，曹操以諸侯禮將其安葬。孫權則將身軀同樣以諸侯禮安葬——戰勝敵人雖然不易，但能得到敵人的尊重更加困難。

關帝廟　梁　銘／攝影

　　關羽死後，一段由人到神的傳奇開始了。雖然他有著「剛而自矜」、「勇而無謀」、「驕於士大夫」等諸多缺點，但他的忠義、堅強、勇猛卻得到了包括敵人在內的所有人的敬重——曹操三番四次想把他納入麾下，孫權則想和他結為兒女親家。而忠義，是中國傳統道德中最為人稱道、最為統治者喜歡的品德，隨著他的事蹟在民間的流傳，尤其是《三國志平話》《三國志通俗演義》流傳開來以後，關羽幾乎成了忠義的化身。而在官方，從宋朝開始，他由侯而王，王而帝，帝而聖，聖而天，被加上「三界伏魔大帝神威遠鎮天尊關聖帝君」、「忠義神武關聖大帝」等種種尊號，是和「文聖」孔子並肩的「武聖」，中國正統神靈譜系最高等級的神祇，且同時擔任佛教、道教的護法神，以及多個職業的保護神、祖師爺。

可以說，凡有華人處，必有關聖崇拜，信仰廣泛而深入。正如史學家黃仁宇所說，千百年後關公仍被中國人奉為戰神，民間崇拜的不是他的指揮若定，而是他的道德力量。

魏晉南北朝

裴秀

中國科學製圖學之父

一位身為妾室的母親，被正妻指使去給客人送食物，客人見到她，紛紛起身表示敬意。這位母親說，我出身如此微賤，這些人是因為我的兒子才這麼尊敬我啊。從此，正妻再也不敢輕視她。

這個為母親贏得尊重的人就是裴秀。

裴秀（223-271）出身於魏晉時期的官宦之家——著名的「河東裴氏」。他年紀輕輕，學識就很淵博，對政治也感興趣。他的叔叔裴徽交遊廣闊，家裡常常高朋滿座。有些客人跟裴徽談完之後，還要去找十幾歲的裴秀再聊一聊，聽聽他的看法。因為才華出眾，所以青少年時代的裴秀就受到社會知名人士的讚賞，被稱為「後進領袖」。

裴秀後來官至司空，地位很高。但從歷史上看，他最大的成就卻體現在地圖學上，他第一次明確建立了中國古代地圖的繪製理論，創立的地圖「製圖六體」理論，系統總結了前人豐富的繪圖經驗，為後世的地圖繪製工作提供了一套完整的規範，是世界上最早的地圖繪製綱要。

早在春秋戰國時期，地圖已經廣泛應用於戰爭和國家管理，但是秦漢以後，地圖損毀嚴重。出於政治和軍事的需要，裴秀下定決心製作新圖。他領導和組織編制成《禹貢地域圖》十八篇，是迄今可考的見於文字記載的全世界最早的歷史地圖集。為了便於應用，他還將一幅篇幅過大（用八十匹絹繪製）的《天下大圖》縮製成以寸為百里的《地形方丈圖》，其實是縮編了的晉朝地圖。

　　裴秀的地圖理論，是中國古代唯一的系統製圖理論，影響中國地圖製圖一千七百多年，英國科學史專家李約瑟稱他為「中國科學製圖學之父」，有些西方學者說裴秀完全可以與古希臘著名的地圖學家托勒密相提並論。毫不誇張地說，他們是世界古代地圖學史上東西輝映的兩顆燦爛的明星。

賈充

替司馬昭掃平登基路

賈充（217-282），河東襄陵（今山西襄汾縣）人。他出身寒門，卻能躋身官場高位，不得不說頗有手段。當時朝中有大臣對晉武帝直言不諱，「陛下之所以比不上堯、舜，就是因為朝廷裡有賈充之類的小人。」

賈充的父親賈逵，一生忠於曹家，到了自己兒子這兒，卻幫助司馬家奪了曹家的政權。為了幫司馬昭成功上位，賈充充分發揮了膽大心黑的特點，立下了汗馬功勞。

當時司馬昭野心勃勃，想奪權篡位。終於有一天，魏帝曹髦再也忍不住了，帶著一群老弱病殘去殺司馬昭。路上碰見賈充帶著幾千人馬過來，大家見皇帝來了，都嚇得不敢動。侍衛成濟向賈充請示該怎麼辦，賈充面不改色，「司馬家養你幹什麼？不就是為了今天嗎！」成濟得到命令，立即衝上前去，把曹髦殺了。

賈充不顧弒君的罪名，幫主子掃除了前進路上最大的障礙，立即升級為司馬家族的頭號外姓心腹。司馬昭死前，囑咐太子司馬炎重用賈充。司馬炎即位後，讓賈充高居宰相之位，還讓他的醜女兒賈南風

當了太子妃。

　　為人諂媚，趨炎附勢，最會拍馬屁，人人都很討厭，賈充簡直成了天下士人的公敵。不過，他還是有一些真才實幹的。他精通法律，曾邀請一些名儒重臣共同刪改原先的法律，把以前老百姓動輒得罪、輕重無準的糟粕都廢棄掉了。他主持修訂的新法律《晉律》執行之後，得到了全國百姓的交口稱讚。在選拔人才方面，他也很有一套，下級官吏很多都投靠了他。

　　賈充位極人臣，兩個女兒一個當了太子妃，一個嫁給了齊王，可他晚年有一椿心病。西元二八二年，賈充病重，皇帝派人去看他，他說起自己對死後諡號的憂慮，很擔心後人對他的評價不好。頭頂三尺有神靈，賈充再壞，終究還是畏懼道德輿論的力量。

拓跋宏

鮮卑皇帝有顆漢人的心

拓跋宏（467-499）是南北朝時期最有作為的皇帝。作為少數民族統治者，他文武兼備，推行漢化政策，對中國民族融合產生了巨大而深遠的影響。然而，這樣一位傑出的皇帝，只活了三十三歲便離開了人世。

五歲時，拓跋宏被抱上了北魏皇帝的寶座。他情商很高，四歲那年，父親身上長了個大膿包，他竟用嘴吸出膿水，治好了父親的病。馮太后死後，他悲痛得五天不吃不喝，並堅持為她守孝三年。後人稱他孝文帝，是恰如其分的。

從五歲登基到二十三歲親政，隱忍了這麼多年，拓跋宏迫不及待地要展露才能了。四九三年六月，拓跋宏以討伐南齊的名義，把北魏首都從平城遷到河南洛陽。

平城，即今天的大同，是拓跋宏出生的地方。鮮卑族拓跋部落是北方強大的遊牧民族，為擴大地盤，三九八年，道武帝拓跋珪遷都平城。雲岡石窟，就是北魏遷都後佛教興盛時期的歷史遺留。一個世紀後，為了一統中國的夢想，拓跋宏離開生於斯長於斯的家鄉，明修棧

道，暗度陳倉，帶著思想保守的鮮卑貴族遷都洛陽。他大力推廣漢文化、穿漢服、說漢話，鼓勵與漢族通婚，引導鮮卑民族走上全盤漢化的道路，甚至把自己的姓氏也改了，拓跋宏從此叫元宏。

拓跋宏的改革完全是自覺、積極、主動的。當時北魏國力強盛，統治穩定，維持現狀亦可保國勢穩固，但他認識到漢文化的優越性，也為了鮮卑族的長遠利益考慮，毅然扛起民族融合的大旗，銳意改革。其實，受馮太后的影響，從十八歲開始，拓跋宏就大量使用漢族士大夫管理國家，提倡各民族平等，實行高薪養廉的俸祿制度，嚴懲貪污腐敗行為，收受賄賂達到一匹布就得掉腦袋。在他的統治下，社會風氣大好，百姓安居樂業，文化事業欣欣向榮，洛陽龍門石窟的輝煌藝術就是明證。

改革是痛苦的。為了改革的順利推行，拓跋宏忍痛除掉一批企圖恢復舊制的宗室重臣。現在看來，他不管精華糟粕統統吸收，過於強調民族同化，似乎有些矯枉過正。但這場改革影響深遠，為後世隋唐帝國的大一統奠定了基礎，華夏民族也迎來了一個多元、璀璨、極富創造力的盛世。

石勒

全球唯一一個奴隸皇帝

　　中國歷史上有幾位皇帝出身民間，但五胡十六國時代有位後趙高祖石勒，本是個沒有人身自由的奴隸。

　　石勒（274-333），本名匐勒，上黨武鄉人，羯胡族人。他本是匈奴羌渠部落的後裔，祖上曾是個小小將領，但家道中落，到了石勒這一輩，更是窮困潦倒，以致淪為奴隸。

　　從一個連人身自由都沒有的奴隸，到登上帝王寶座，石勒的一生充滿了傳奇色彩。他不識字，常讓人讀經史故事給他聽，以提高自己的思想見識，即使在行軍打仗時也不例外。當上皇帝後，石勒為百姓做了不少好事，比如支援西域高僧佛圖澄開發的達活泉，至今仍在造福河北邢臺人民。在政治實踐中，他大膽改革創新，重視文化教育，主動吸收漢民族文化，特別是其改革、懲貪、獎廉的執政理念，即使今天看來，依然給人啟迪。

　　石勒富貴後不忘貧賤之交。他還是個窮小子的時候，因為爭奪漚麻池常和鄰居李陽打架。當上皇帝後，石勒請武鄉的老朋友聚一聚，李陽不敢去。石勒大度地說：「爭漚麻池是咱倆以前結的怨，現在我

廣納人才，怎麼還會記恨你呢？」他和李陽一起喝酒，賞了他一所房子，還給他封了個官。參軍樊坦穿得很破爛，石勒問他咋這麼窮，樊坦脫口而出：「碰到橫行不法的羯賊，把我家搶光了！」石勒笑了。樊坦這才想到不該當著羯族皇帝罵羯賊，忙跪下請罪。石勒卻給他賞錢，讓他去買衣服穿。

在窮困的少數民族中，石勒能迅速崛起，並統一中國北方，文治武功都有所建樹，是一位傑出的帝王。在征戰中，他心狠手辣，屠殺了不少無辜的百姓，就算是投降的人也不能倖免，但是拋棄舊怨和李陽握手言歡，寬恕樊坦的失言，卻又顯得胸懷寬廣。

不過，英武一生的石勒，在接班人問題上出現了重大失誤。太子石弘幼弱，他卻讓殘暴的石虎去輔佐。等他一死，石虎便迫不及待地殺了石弘，後趙政權就此從巔峰落下，陷入危亡的敗局。

隋唐五代

王通

隋末河東大儒，門下弟子多名臣

汾水經龍門縣向南注入黃河，龍門又稱河汾。一千四百多年前，有位二十歲的年輕人來到這裡隱居，每天讀書、思考、寫作。

九年後，河汾黃頰山白牛溪旁，年輕人開班授課，社會名流遠道而來，學生多達上千人。而讓世人吃驚的是，當時的學生，後來大都成了大唐盛世的名臣名相，活躍在隋唐之際的歷史舞臺上。所以有人說，大唐王朝的「貞觀之治」，功臣大都出自「河汾門下」。雖有些誇張，但亦反映出這位年輕人在隋末唐初的巨大影響力。

這位年輕的老師，名叫王通（584-617）。精通儒學，學問非常好。王通死後，他的弟子們將他奉為「至人」，稱他為「文中子」。他的學問思想被稱為「河汾之學」。

出身書香門第的王通，家學淵源深厚，從小就受到儒學的薰染，常常跟父親探討學問，談論國事。十五歲時已名聲遠播，常與來家裡拜訪的長者和同齡人講學論經，十里八鄉的人稱他為「小先生」。後來，他告別父母，出外求學，走訪名士，受到很多教益，慢慢形成自己的新儒學思想和理論。那一年，王通寫成《太平十二策》，不僅總

結了歷史經驗教訓，還詳細地分析了當時的政治形勢，提出自己的政治主張。

懷著為理想抱負而奮鬥的熱情，他進京上朝，向隋文帝楊堅陳述了自己的治國方略，可惜沒有被採用。雖然後來隋文帝給他封了官，但王通志不在做官，而在治國理民。朝廷的現狀和當權者的態度，讓他明白了自己有志難酬。心灰意冷的他決定回家鄉龍門隱居，既然當官治世的路走不通，那不如開班講課，傳授輔君為政之道。

王通一開課，天下轟動。隋文帝、隋煬帝先後四次召他做官，他心如磐石，不為所動。

西元六一七年，王通三十三歲，天下大亂，真正施展抱負的機會來了，他卻一病不起，很快去世。

他的弟子們悲痛欲絕，根據《易經》「黃裳元吉，文在中也」，為王通起諡號「文中子」。後代學者對王通極為讚賞，認為他是一代「賢儒」。明代著名心學大家王陽明說，如果不是王通早逝，定可「聖人復起」。中國著名的啟蒙讀物《三字經》中，把王通列為諸子百家的五子之一：「五子者，有荀、揚，文中子，及老、莊。」

裴寂

唐朝開國元勛，李淵起兵功臣

裴寂（569-629），蒲州桑泉（今山西臨猗）人，出身河東裴氏。隋末曾任晉陽宮副監，唐朝建立後任宰相。

唐朝的第一任皇帝唐高祖李淵，早年和裴寂是好朋友。兩人常在一塊吃飯、喝酒、下棋、賭博，通宵達旦，不知疲倦。當時，隋煬帝昏庸，天下混亂，李淵的二兒子李世民想發動政變，奪取天下，可又不敢跟父親李淵直說。要知道，古人把對君主的忠誠看得比天還大！思來想去，只能請與父親關係最好的裴寂出面勸說。

李世民故意讓裴寂贏了好多錢，趁著裴寂高興，談起了自己的起兵計畫。裴寂當即同意，隨後成功說服了李淵。為了支持李淵起兵，他還利用自己看守隋煬帝行宮晉陽宮的便利，挪出很多米糧、鎧甲等，為李淵起兵提供了豐厚的物質支援。

李淵即位後，感激地對裴寂說：我能當上皇帝，你出了大力啊！李淵任命裴寂為尚書右僕射，每天賜給他御膳，他所提的建議，幾乎沒有不聽的。李淵還專門下詔書，給了裴寂兩次免死的恩遇。

作為李淵的深交舊友，裴寂獲得的待遇，別人永遠無法企及。但是，自從李淵退位、唐太宗李世民即位之後，裴寂的好日子也到頭了。他先被罷官，後遭流放，最後好不容易被召回朝廷，沒多久就病死了。

裴寂少時清貧，結識李淵後一生榮耀，位極人臣，雖然他沒有張良運籌帷幄的智謀，也沒有韓信縱橫沙場的能耐，但他會揣摩李淵的心理，又懂得處理和皇帝之間既是君臣又似兄弟的關係。不過，一旦失去了唐高祖李淵的庇護，裴寂很快便被免官削邑，從此退出政治舞臺。

柴紹

大唐第一駙馬

柴紹（588-638），晉州臨汾（今臨汾地區）人，典型的官宦子弟，小小年紀就因行俠仗義而出名，近身陪侍隋朝太子。娶了李淵女兒後，夫妻二人定居在長安城（今西安）。

西元六一七年，李淵決定起兵反隋，讓在外地的兩個兒子李建成、李元吉和女婿柴紹回來支援。接到老丈人的信後，考慮到兩個人目標太大，柴紹決定一個人上路，妻子李氏（後被封為平陽公主）則變賣家產，女扮男裝，為父親祕密招募兵力，號稱「娘子軍」。

柴紹跟隨李淵一路向西挺進，屢屢擊敗隋軍，他有勇有謀，才華出眾，為消滅劉武周、王世充、竇建德等立下了汗馬功勞。

李淵登基後，各地還不是很安定，總有那麼一小撮不服統治的人出來搗亂。西元六二三年四月，少數民族吐谷渾突然侵擾芳州。六月，柴紹奉命帶部隊前往平亂。六月廿九，在和吐谷渾作戰中，柴紹不幸被圍困在一個山谷裡。吐谷渾軍居高臨下，萬箭齊發，霎時間，柴軍人仰馬翻，形勢十分危急。柴紹卻面不改色，靜靜地坐在那裡，不慌不忙地讓人彈奏起胡琵琶，在悠揚、清透的音樂中，兩個美女翩

翩起舞。山谷上方的吐谷渾士兵們看傻了，不知不覺放下弓箭，呆呆地望著，忘記了自己正身處戰場，更忘記了對手就在不遠處伺機而動。一支精銳部隊悄悄繞到吐谷渾軍背後，趁其不備，突然發起襲擊。這一戰役，《新唐書》記載道「虜大潰，斬首五百級。」

柴紹打了勝仗，但很可惜，他的妻子平陽公主在這一年去世。唐高祖李淵黯然神傷，下令以開國功臣的儀式厚葬公主，這是史上絕無僅有的。

唐太宗登上皇位後，大行封賞，柴紹作為有功之臣，又是駙馬爺，封賞自然不會少。貞觀二年，柴紹參與平定梁師都，轉左衛大將軍，後出為華州刺史，加鎮軍大將軍。

柴紹去世五年後，唐太宗想起當年跟他一起打江山的弟兄們，無比懷念，讓人畫了畫像掛在凌煙閣，沒事了就去憑弔、懷念一番。這就是凌煙閣二十四功臣。柴紹在其中名列第十四位。

尉遲恭

開國名將，中華門神

尉遲恭（585-658），字敬德，朔州善陽（今山西朔州朔城區）人，不僅縱橫沙場，輔佐唐太宗李世民登上皇位，其形象還成為驅鬼辟邪、祈福求安的門神。

隋朝末年，農民起義此起彼伏，地方武裝也如雨後春筍般拔地而起。六一七年，劉武周扛起反隋大旗，尉遲恭便去投奔，被授予偏將的職位。兩年後，尉遲恭奉命出兵，屢戰屢勝，銳不可當，直到遇到他生命中的真命天子——李世民，才第一次吃了敗仗。

李世民愛惜他是個人才，將其納入自己麾下，但其他人卻都懷疑尉遲恭歸順的誠意。有一天，李世民帶著幾百人外出巡視，在北邙山突然被數倍於己的敵軍包圍。眼看李世民就要命喪敵手，斜刺裡突然殺出了尉遲恭，以一當十，拼命救下了李世民。這一仗，尉遲恭的精誠忠義深深感動了李世民，從此對他百般信任。

西元六二六年，在尉遲恭的極力推動下，李世民發動「玄武門之變」，斬殺太子李建成後，不慎落馬，被弟弟李元吉扼住咽喉。千鈞一髮之際，又是尉遲恭趕來，救下李世民。李世民登上皇位後，論功

行賞，尉遲恭的功勞數第一。

　　漸漸地，尉遲恭開始居功自傲，越來越不把別人放在眼裡，後來到了地方上做官，還是鼻孔朝天，出去赴宴，如果有人的位子比他尊貴，他就出言不遜。有一次，江夏王李道宗實在看不下去說了兩句，結果當著李世民的面，尉遲恭差點把人家打瞎。飯後，李世民把尉遲恭找去，連勸帶嚇地對他說：「我對漢高祖誅殺功臣的事，是持否定態度的，我希望和你們這幫功臣們一起享受這富貴美好的生活。但是，今天你鬧得太過分了！這麼長時間以來，你的不良記錄不少，看到你的表現，我才明白漢高祖殺韓信，把彭越剁成肉末，也是有原因的。咱們大唐立國，講究法度，你該有什麼待遇我也都給你了，希望你好自為之……」

　　尉遲恭從此收斂了許多，辭官回家，謝絕來客，研究方術以延年益壽。尉遲恭活到七十四歲，死後諡號為「忠武」，陪葬昭陵，作為一代武將，這是最高級別的評價了。

薛仁貴

他的名字能擋十萬敵軍

薛仁貴（614-683），山西絳州龍門（今山西河津市修村）人，是南北朝時期悍將薛安都的後代，出身於河東薛氏。但到他這一代時，家族已經沒落。他天生力大無窮，但一直鬱鬱不得志，於是在妻子的建議下，報名參了軍。

六四五年，在出兵高句麗的戰場上，唐朝將領劉君邛被敵軍團團圍困，危難之際，無人敢救，只見小兵薛仁貴單槍匹馬衝出，直取高句麗一將領的人頭，救出劉君邛。沒過幾個月，薛仁貴又手持方天畫戟，衝殺於敵軍陣中，幫唐軍取得了勝利。恰巧這次唐太宗在觀戰，他的勇猛都被皇帝收入眼底。戰後論功行賞，唐太宗開心地對薛仁貴說：「這次打仗，就算得到遼東也不是我高興的，最高興的是能得到你這樣的人才！」

不過，薛仁貴的傳奇經歷才剛開始。六六二年，唐軍與回紇軍隊在天山（今蒙古杭愛山）交戰。十多名回紇大將上前挑戰，薛仁貴連發三箭，殺了三人。回紇軍立馬人心大亂，十三萬大軍向薛仁貴下跪投降。這事當時在民間還被編成了歌謠：「將軍三箭定天山，壯士長

歌入漢關。」

除了卓越的軍事能力，薛仁貴的政治才能也很顯著。征服高句麗後，薛仁貴奉命留守平壤，建設平壤新城。卸下盔甲，他立即投身於恢復生產、醫治戰爭創傷的工作中。史書上說他撫養孤兒，贍養老人，治理盜賊，提拔任用當地人才，表彰獎勵品德高尚的百姓。一時間，高句麗政舉民安，人們生活重歸平靜。

但隨後他的人生就走向低谷。六七〇年，唐軍和吐蕃交戰，雖然薛仁貴做好了戰略部署，但他的副將不聽命令，擅自行動，破壞全盤大計，導致唐軍失敗。薛仁貴一人承擔了所有的責任，被貶為平民。後來又經過幾次召回、被貶，直到六十九歲高齡，他的威名還足以讓突厥人膽寒。

一千多年後，薛仁貴的傳奇經歷和故事，還在不斷地被演繹、流傳，其中最著名的要數評書《薛仁貴征東》。

王勃

我是上天手中的一支筆

　　初唐四傑，在中國文學史上是非常著名的。這四個人，個個才華橫溢，以文章之美獨步天下。而王勃，更是被稱為「四傑之冠」。

　　王勃（約650-約676），絳州龍門（今山西河津）人，家學深厚，爺爺王通是隋末的大學者，人稱「文中子」。王勃從小就聰穎過人，博聞強識，成功通過科舉考試，十七歲時經人介紹，進了沛王府成為王府侍讀，很得沛王的喜歡。

　　但是，就在他人生得意的時候，一場出其不意的災難降臨到他頭上。當時在權貴當中風靡鬥雞遊戲，一天，沛王李賢和英王李哲玩鬥雞挑戰賽，很多人聚在一旁看熱鬧。作為沛王下屬的王勃，便拿出他的拿手絕活——寫文章，寫了一篇《檄英王雞文》，為沛王的雞吶喊助威。這本是遊戲之作，不能當真的，可沒想到，竟然觸動了最高統治者敏銳的神經，唐高宗看到後非常生氣，認為這是在挑撥兩個王爺之間的關係，當即下令開除王勃，當天就把他從沛王府掃地出門了。

　　正是意氣風發，做一番事業的時候，王勃卻稀裡糊塗捲入了暗潮湧動的政治鬥爭中，招來無情的打擊，以致影響到他的一生。

在悲苦、憤懣、壓抑的心情中，王勃離開政治中心長安，去四川遊玩散心，一走就是三年。因為他懂一些藥草知識，一位做官的朋友便幫他謀取了一個參軍的職位。但天有不測風雲，沒多久，他又因為殺死自己藏匿的官奴而犯了死罪。

幸好碰上皇帝大赦天下，王勃撿回了一條命。這次劫難不僅讓他從此對政治再也沒有興趣，還連累父親被貶為交趾令。一年後，王勃坐船去看望父親，渡海溺水，不幸淹死，時年二十七歲。但恰是在死前的一年內，他迎來了短暫一生中創作最豐富的時期，不僅寫下大量膾炙人口的詩文作品，還留下了《滕王閣序》這樣的傳世之作。

王勃高才博學，文思敏捷，卻鬱鬱不得志，四處受打壓，縱有「落霞與孤鶩齊飛，秋水共長天一色」的名句流傳千古，二十七年的生命卻未免太短暫了些。

武則天

做人難，做女人難，做個女皇帝難上加難

　　西方的王朝政治並不排斥女人當國王、皇帝，英國的維多利亞女王、俄國的葉卡捷琳娜二世，都是被人稱頌的政治家。中國不同，男尊女卑的社會格局下，女人稍微強勢一些，就會招來「母雞打鳴」的諷刺。「女主當國」更被視為國家沒落的徵兆，所以泱泱五千年中國歷史，只有過一個女皇帝，她就是山西文水人武則天（624-705）。

　　「則天」並不是她的名字，是她的尊號「則天大聖皇后」的簡稱，她的本名非常柔美，叫「媚」。她的父親是唐朝開國功臣。作為對功臣的一種籠絡和恩寵，十四歲的時候，武則天進入皇宮，成為唐太宗李世民的低等嬪妃。十二年後，李世民去世，依照王朝的慣例，她們這些沒有子嗣的嬪妃將在深宮或寺院中度過餘生。但武則天把握住機會，趁太子李治陪侍重病的李世民時，讓李治喜歡上了自己。出家為尼六年後，李治把她接回皇宮。

　　皇帝的女人很多，為了爭寵，宮廷鬥爭之血腥和殘酷難以想像，為了構陷敵人，武則天甚至扼死了自己尚在襁褓的女兒。靠著這種冷血，武則天當上了皇后，但她的政治野心遠不止此，李治因頭暈不能

處理朝政，她便主動承擔起朝堂重任，與李治並稱「二聖」。

李治死後，武則天開始為當皇帝籌備謀劃，終於在六十七歲那年登基成為皇帝，給自己改名為「曌」，意思是自己像日月一樣，凌駕於天空之上。

作為妻子和母親，武則天也許並不稱職，但作為皇帝，卻可以用傑出來形容——她知人善用，提拔了很多賢臣治理天下，號稱「君子滿朝」；她改革科舉制度，讓大批寒門出身的人也有了一展才華的機會；她加強對地主官吏的監察，對於土地兼併和逃亡的農民，政策則比較寬容。因此，在武則天統治時期，社會比較安定，農業、手工業和商業都有了長足的發展，戶口年增長率為百分之〇點七二一。這在中國古代，是一個很高的增長率。

風光了一輩子的武則天，死前的遺願卻是做回「則天大聖皇后」，主動要求和丈夫唐高宗李治合葬，死後墓碑上卻不著一字。與其說「功過留待後人評說」，倒不如說她終究難逃男權附屬品的地位。對於中國歷史上唯一的女皇帝，這樣的結局，是悲哀，也是無奈！

狄仁傑

是神探，是名相，更是唐朝大功臣

今人都知道，狄仁傑（630-700）是個大神探，可與英國的福爾摩斯、比利時神探波羅等相媲美。不過，因為影視劇、文學作品的渲染，人們只關注到了他斷案的一面，其實，狄仁傑是個多面的人。

和一般的官僚子弟不同，狄仁傑從小就胸懷大志，飽讀詩書，甚至是醫學書籍，他也百讀不厭。步入官場後，狄仁傑不管在哪裡任職，都公平執法、寬嚴有度，不濫用刑罰，為當地百姓做了許多有益的事。所以，他每到一處，不管任期長短，都受到百姓的愛戴和尊敬。

作為一代名臣，狄仁傑能夠舉賢任能、盡忠職守，最重要的是，他面對強權敢於直諫。六七六年，大將權善才在負責看守唐太宗的昭陵時，不小心誤砍了幾棵柏樹。唐高宗知道後很生氣，要殺了權善才。狄仁傑冒死進諫，據法力爭，終於說服了高宗。後來，越王李貞叛亂，張光輔平亂之後燒殺搶掠，殺了很多無辜的百姓，狄仁傑雖然是個地方官，卻敢於挺身而出，厲聲怒斥，還說要用尚方寶劍斬了他，逼得張光輔不得不收斂。再後來，女皇武則天上臺，濫殺唐室宗

親和元老舊臣，狄仁傑不顧危險，在立姓武的還是姓李的為太子這個重大問題上，堅守立場不放棄，苦勸武則天，最終打動女皇，聽從他的建議，立李顯為太子，將唐室江山還給了李家。

　　狄仁傑是太原人。相傳如今太原唐槐公園裡的那棵唐代古槐，就是他小時候母親親手種下的。唐槐公園所在的村子，名叫狄村，是狄仁傑住過的地方。太原還有一條街，名為狄梁公街，原先建有狄仁傑的祠堂，後來因相鄰的崇善寺失火，祠堂被毀，但街道還在，街名還在。街名、唐槐，昭示著先賢狄仁傑和這座城市的緊密聯繫，也讓後人銘記，學習先賢，以史為鑒。

狄仁傑像　崔人傑／攝影

郭子儀

「十全老人」汾陽王

　　世界上沒有十全十美的人，可有人接近完美。唐代郭子儀，雖然功勞天下第一，但皇帝一直信賴他、倚重他。這在「兔死狗烹、鳥盡弓藏」的古代社會，簡直是個奇聞。

　　郭子儀（697-781），祖籍汾州（今山西汾陽），以武舉人的身分參軍，卻一直沒得到重用。七五五年，駐守邊防的節度使安祿山叛變，郭子儀迎來了命運的轉捩點。他被封為衛尉卿、靈武郡太守、朔方節度使，率軍討伐安祿山，很快收復了包括京城長安在內的大片唐朝領土。七六二年，郭子儀被封為汾陽王，出鎮絳州。

　　七六五年，鐵勒族人、叛將僕固懷恩勾結吐蕃、回紇、吐谷渾和山賊組成三十萬人的軍隊，直撲都城長安。郭子儀只帶了一萬多人，被他們重重包圍在涇陽。他讓部將好好守著大營，自己帶著騎兵偷偷出去偵察敵情。他發現，僕固懷恩在行軍途中突然死了，這時候群賊無首，分營紮寨，各自為戰。敵軍當中，回紇部隊最是兵強馬壯，人數眾多，郭子儀決定去回紇大營走一遭。他只帶了幾名親隨，沒穿盔甲，沒帶兵器，進了回紇大營。回紇首領一看是郭子儀，趕忙上前迎

接。

之前郭子儀兩次從安祿山叛軍手裡收復失地，曾帶領過借來的回紇兵，和他們有並肩戰鬥的情誼。回紇人稱他為「郭令公」，對他十分尊敬。郭子儀一進回紇大營就說：「我們早就共過患難了，怎麼突然就把從前的友誼丟在腦後了呢？」回紇人連忙下馬，向他行禮：「果然是我們敬愛的老令公來了啊！」雙方隨即把酒言歡，發誓要像以前一樣親善。吐蕃見強大的回紇軍加入了唐朝陣營，嚇得趕緊就跑。郭子儀帶領唐軍和回紇聯合部隊乘勝追擊，大敗吐蕃，還繳獲了大量戰利品。

郭子儀戎馬一生，屢建奇功，唐朝因為有他而重獲安寧，連皇帝唐肅宗都親口對他說：「我的家國，是你再造的啊！」雖然他位高權重，但從不居功自傲，非常有人格魅力。在軍中，他忠勇愛國、寬厚待人，凡是和他打過交道的人都很敬重他；回到家裡，則人丁興旺、兒孫滿堂。郭子儀活到八十五歲，死後舉國沉痛哀悼，皇帝傷心得五天沒上朝。清乾隆皇帝自詡文治武功，福祿壽俱全，自稱「十全老人」，郭子儀作如是稱也十分貼切。

山西作為郭子儀祖籍及其長期作戰駐屯之地，從北到南都留下了他的遺跡和傳說，膾炙人口的晉劇、京劇劇碼《打金枝》，講的就是郭子儀及其家人的故事。

楊玉環

大唐皇帝的寵妃，要的只是愛情

　　在古代四大美女中，「羞花」楊玉環無疑是最幸福的女人。縱然最後為政治而犧牲，但她想要的純粹的男女之戀，終究是得到了。

　　楊玉環（719-756）本是唐玄宗第十八個兒子壽王李瑁的妻子。唐玄宗之所以會對自己的兒媳婦動了心思，起因竟是他寵愛的武惠妃死了，而後宮佳麗沒一個能讓他開心，直到遇見楊玉環，從此難以忘懷。令人啼笑皆非的是，武惠妃正是李瑁的生母，李瑁是她唯一沒有夭折的兒子。

　　君生我未生，我生君已老。五十五歲的唐玄宗和二十二歲楊玉環相遇了，中間有巨大的年齡差距，隔著深邃的道德鴻溝，可帝王一旦動了心，一切都不是問題。玉環入宮後，唐玄宗夜夜專寵，宮中稱呼她為「娘子」禮數實同皇后。唐玄宗對玉環的寵愛令人咋舌，光是為她做衣服的工人，就有七百多名，給她雕刻製作首飾的，又有好幾百人。她喜歡吃荔枝，玄宗就派人千里快遞，天天給送新鮮的來。每次出宮遊玩，玄宗身旁總要帶著貴妃，片刻不願分離。日子久了，難免會吵吵架，但貴妃剛被送回娘家，玄宗就難忍相思之苦，低眉順眼地

去把人家接回來。

楊玉環吸引唐玄宗的，不只因為她膚如凝脂、身材豐滿，還有更深層次的原因。

玉環出身於蒲州（今山西永濟）的宦門世家，性格婉順，精通音律，彈得一手好琵琶，擅長音樂、歌舞。而唐玄宗則有超凡的藝術素養，他精通琵琶、橫笛、羯鼓，他的《霓裳羽衣曲》代表了唐代歌舞大曲的最高成就。兩人志同道合、趣味相投，再加上玉環不過問朝廷政治，不插手權力之爭，她對唐玄宗，是單純的男女之愛，沒有夾雜任何政治意味。難怪唐玄宗會對身邊的人說，「我得到貴妃，就是得到了世間至寶啊！」

安史之亂後，唐玄宗帶著玉環逃命，在馬嵬坡兵變時，不得已賜死了玉環。最終楊玉環被縊死在佛堂的梨樹下，時年三十八歲。

王維

詩人裡最會畫畫的，畫家中最會寫詩的

王維（701-761），字摩詰，祖籍并州祁（今山西祁縣）人，隨其父遷居於蒲州（今山西永濟），家境殷實。他媽媽是個虔誠的佛教徒，所以他的名字也跟佛有關，來自於佛教中著名的在家菩薩維摩詰。王維的詩中有禪意，晚年信奉佛教，和家庭對他的影響有很大關係。

大唐山水畫發展蓬勃，形成了風格不同的兩大流派，一個是以初唐的武將李思訓、李昭道父子為代表的「青綠山水」，一是以王維為代表的「水墨山水」。怪不得宋代大文豪蘇軾誇王維，說他的畫裡都有詩的韻味，明代大畫家董其昌也很推崇王維，把他看作南宗山水畫的奠基人。

西元七二一年春天，二十一歲的王維中了狀元，被封為太樂丞，一個為皇室宮廷宴樂培養樂隊伶人的官。可幾個月後，就因為手下人彩排時舞了只能給皇帝看的黃獅子，犯了忌諱，王維被貶官到山東濟州去看守糧倉。西元七三一年，王維三十一歲時，妻子死了。昔日的狀元郎、大才子、文藝界的名流，竟不如意到這個地步！

直到張九齡做了宰相，王維當官的夢想又被點燃。但他的官位一直不是很高，也發揮不了太多才能。

西元七五六年，安祿山叛變，唐玄宗倉皇逃走，王維沒來得及跑，被安祿山捉住，硬塞給他一個官做。他很痛苦，但無力反抗，只好渾渾噩噩度日。一年後，唐軍收復長安，王維被當作變節的人，下了大獄等死。幸好他這一年裡寫過一首思念唐王朝的詩，加上他的弟弟王縉自請削官為他求情，唐肅宗才原諒了他，還給他一官半職。但這時王維已經五十七歲，是一個白髮老人了。

王維一生中最舒服的時候，當屬在輞川別墅的日子。那原先是詩人宋之問的宅子，很大很開闊，有山有湖，有林子有溪谷，王維常常邀請幾個知交好友前來做客。早年積極的政治激情已然褪去，吃齋念佛、修養身心成了他日常生活的主導。不得不說，這時的王維，專注於向內看，精神世界富足，所以才能創作出蘊含禪意、清麗脫俗的名篇佳句。

苗晉卿

雖然性格軟弱，卻能一生富貴

　　活躍在唐玄宗、唐肅宗、唐代宗三朝政治舞臺上的苗晉卿，雖然位極人臣，官至宰相，終其一生，卻沒有什麼大的作為。

　　苗晉卿（684-765）是潞州壺關縣（今山西壺關）人，祖上就喜歡以儒家的道德思想要求自己，到了他這一輩，也是以此為行動準則。苗晉卿天性聰明敏捷，凡事一點就透，官員同事們的公文，他掃一眼就能知道個大概。但是，他性格敦厚柔和，小心謹慎，明哲保身，比較懦弱，不會拒絕別人，也很少違拗別人的意見。

　　苗晉卿主持科舉考試期間，政策比較寬鬆，有些奸猾的小人趁機做了不少壞事。西元七四三年春天，御史中丞張倚的兒子張奭報名參加了科考。人們都知道張奭不學無術，沒想到竟然高中。結果出來之後，大家議論紛紛。後來這事被唐玄宗知道了，讓所有考上的人在花萼樓集合，他要親自再考一次。結果，十個人裡面挑不出一個好的來。尤其是那個張奭，手拿著卷子，一整天沒憋出一個字來。唐玄宗勃然大怒，苗晉卿被貶官去安康做了太守。

　　不過，政治生涯中這個不光彩的污點，並不會掩蓋苗晉卿寬厚待

人的人格優勢。在統治集團高層，他身處利益糾葛當中，無法權衡，但到了地方上，自己能做主的時候，他的好品行發揮了作用。做地方官幾年時間，他為官清廉，政治清明，得到了老百姓的交口稱讚。以至於調走之後，老百姓還很懷念他，為他建立祠廟，歌功頌德。

有一次，他回老家壺關看望家人，遠遠地走到剛能看見縣城的地方，就下了車，一路步行，表示對故鄉親人們的恭敬。回去之後，有的父老鄉親給他端茶敬酒，他也一點官架子都沒有，伸出雙手恭敬地接過來，一飲而盡。看到家鄉辦學經費緊張，他又自掏腰包，十分慷慨。苗晉卿謙敬的美德得到了大家的高度評價，聲望一天比一天高。

安史之亂後，苗晉卿拒絕給偽政府辦事，忠心耿耿地維護唐王朝的統治，所以叛亂平定之後，他得到皇帝的器重，從此步步高升，直到宰相的高位。

白居易

詩歌界的賈寶玉

　　世人都說賈寶玉最懂女兒心，其實，唐代的白居易（772-846）遠勝於他。此人不光懂得憐香惜玉，更寫得一手好詩。當時全國上下男女老少都愛吟誦白居易的詩。當時通信很不發達，但白居易的詩卻像長了翅膀，流傳到了國外去。據說，在日本人心中，白居易是中國唐代詩人中的第一名。

　　十五歲時，白居易帶著自己的詩去著名學者顧況家請教。顧況見他是個乳臭未乾的小子，一邊說著「長安米貴，居之不易啊」，一邊拿起他的詩隨手一翻，「離離原上草，一歲一枯榮。野火燒不盡，春風吹又生。」顧況不由地讚歎道：「長安雖然米貴，但你居之甚易！」白居易從此名聲大震，很快步入仕途。

　　古人說，「不孝有三，無後為大」，人們普遍重男輕女，白居易卻視女兒為掌上明珠。女兒嫁人後生了外孫女，他還高興地對親家說：「懷中有可抱，何必是男兒？」

　　白居易喜歡女兒，對女子也十分憐惜。那時他的文字不僅在文化圈子裡流傳，尤其是《長恨歌》《琵琶行》更是膾炙人口，被很多歌

姬、舞姬傳唱。樊素、小蠻就是因愛詩而愛上了白居易。白居易稱讚她們的美：「櫻桃樊素口，楊柳小蠻腰。」後來，「櫻桃口」「小蠻腰」就成了中國人評價美女的標準。據說白居易六十多歲時有半身不遂的先兆，怕耽誤了樊素的青春，他賣掉愛馬湊夠嫁妝，讓伊人改嫁。

唐朝經濟由盛轉衰，各種社會矛盾日益激化，社會不太安定。白居易秉性耿直，看見不平事就忍不住批評，寫詩諷喻時弊，連皇帝他都敢說兩句。因此在政治上樹敵不少，常受到排擠，多次遭貶。但白居易任勞任怨，不管去哪兒上任都好好工作。他在杭州西湖築白堤，解除了當地的洪澇災害；為洛陽龍門修通河道，讓船夫不用再踩著寒冰推船過灘。據說他離開蘇杭時，有上萬百姓揮淚送別。

宦海沉浮中，淡看人生起落，晚年的白居易過得十分精彩。九個七十多歲的老頭，人稱「香山九老」，時不時在白居易家或者龍門香山寺聚會，大家喝酒寫詩，談天說地，好不快活。

白居易生前沒來過山西，死後葬在洛陽，但他祖籍是太原人，永遠是山西人的驕傲。

裴度

平定淮西，笑看刺殺

　　提起中國歷史上最為顯赫的宰相世家，恐怕要數河東聞喜的裴氏家族了。裴氏家族名流輩出，光宰相就有五十九位。唐朝不到三百年的時間裡，裴氏一門竟出了十七位宰相！這等尊榮，恐怕歷史上再沒有其他家族能與之相比。其中有一位名叫裴度（765-839），與郭子儀齊名，也被稱有再造唐室之功。

　　裴度二十四歲中了進士，開始他的政治生涯。他一路加官晉爵，直至宰相。二十多年間，歷經唐憲宗、唐穆宗、唐敬宗、唐文宗四位皇帝，都擔任要職。但他性情耿介，直言不諱，常遭到權臣的嫉妒、排擠。雖然曾三次做了宰相，也有五次被排擠、貶官的經歷，但他一直很有威望，就連邊境的少數民族部落首領，見到唐朝來的使者，也會打聽他的近況。

　　平定淮西叛亂，是裴度一生最輝煌的功績。八一四年八月，淮西節度使吳少陽死了，他的兒子封鎖消息，帶兵反叛。此事一出，朝廷內部出現了兩個派別，一是大多數朝臣的主和派，一是以裴度、武元衡為主的主戰派。唐憲宗最終聽從裴度的意見，十月開始討伐淮西。

別的藩鎮勢力聽說後，對主戰派十分痛恨，竟派刺客前來暗殺。武元衡被殺，裴度也身負重傷。但裴度絲毫沒有動搖平定叛亂的決心。唐憲宗被他的精神感染，封他為宰相，把用兵大事都交給了他。

裴度到前線後，不顧個人安危，深入前線慰問戰士，大大鼓舞了士氣。唐軍連連取勝，很快扭轉了戰局。隨後，他又批准了部下李愬突襲蔡州的計畫。十月十一，在一個茫茫雪夜，李愬帶兵攻破蔡州，十年的淮西割據局面宣告結束。凱旋的那天，唐憲宗封裴度為晉國公。

淮西的平定，使其他割據藩鎮都先後歸順中央，國家一統，史稱「唐室中興」。裴度在其中無疑立下了最大的功勛。今天的聞喜裴柏村裴晉公祠遺址，還有由唐朝散文家韓愈撰寫、清代大書法家祁雋藻書寫的《平淮西碑》，提醒後人永遠不忘裴度精神。

柳宗元

想當政治家的大文豪

　　歷史常常和人開玩笑，讓你的抱負每每落空的同時，卻還讓你以別的方式名垂千古，尤其是文人——他們總想著安邦定國，但最後所有在政治上的努力，還不如一首詩來得重要。

　　唐宋文壇有八個厲害的人物，稱為「唐宋八大家」。唐朝有兩人，韓愈、柳宗元，是古文運動的領導者，一掃數百年沿襲的綺靡文風和僵化形式，影響深遠。然而，柳宗元卻志不在此。

　　柳宗元（773-819）生在京城長安，出身於河東柳氏，中古時期河東三大姓之一。當年柳家也曾輝煌無比，在朝廷中樞擔任官職的有二十二人，但在被武則天壓制以及安史之亂波及後，像大唐的衰敗一樣，柳氏也走向沒落。柳宗元的理想就是恢復大唐榮光、柳氏榮耀。

　　他二十一歲中進士，三十一歲擔任監察御史里行（里行，見習的意思）。懷揣著報國革新之念，他參加了王叔文改革集團。王叔文不是傳統官僚，因為下棋下得好，得到當時還是太子的唐順宗的賞識。唐順宗登基後，王叔文掌握大權，開始了一場壯烈卻短暫的「永貞革新」。其中，加強中央權力，抑制藩鎮勢力，消除宦官為害民間的現

象以及整頓稅收、懲處貪污腐敗等措施，統統瞄準了大唐的病症。但是，改革遇到了強大的反撲，唐順宗一死，改革立刻化為泡影，一共才維持了一百二十一天。王叔文、柳宗元等都被貶斥，也就是常說的「二王八司馬案」——大唐王朝的最後一次自救，就此宣告失敗。

柳宗元被貶為永州（今湖南零陵）司馬，很快又做了柳州（今廣西柳州）刺史。永州和柳州都是蠻荒之地，流放犯人的地方，柳宗元被放逐，不僅判了他政治生命的死刑，甚至有著陰險的惡意——希望他死於瘴氣。果然，南方濕熱的氣候損害了柳宗元的健康，讓他在四十六歲時英年早逝。

在被貶的十餘年時間裡，柳宗元留心政務的同時，創作了大量詩文，《永州八記》《黔之驢》《捕蛇者說》等名篇流傳至今，奠定了他千年的文名。只是，在他內心深處，恐怕並不願意僅此而已。

李克用

獨眼不妨戰沙場，功封晉王啟後唐

　　他生來就有一隻失明的眼，但並不妨礙他十三歲即成為「一箭雙雕」的神射少年；他打了一輩子的仗，吞併了很多地盤，可他前腳一走，表示臣服的地區就伺機作亂；他手下猛將如虎，十三個兒子個個能征善戰。他就是被唐室封為「晉王」的李克用。

　　李克用（856-908）出生在今天的大同一帶，是沙陀人，本姓朱邪，一家人世世代代效忠於唐室，他也因跟隨父親平亂得到皇帝賜姓「李」，但他畢竟是外族，且又生性狂妄，驕矜殘暴，始終得不到唐室的信任，每次要削弱藩鎮勢力時，名單上肯定有他，可因為他的勇猛，朝廷一旦有事，首先想到的還是他。

　　西元八八〇年末，農民起義軍領袖黃巢攻占都城長安，唐僖宗倉皇逃到四川，不得已重新起用李克用。二十八歲的李克用大敗黃巢，逼其退出長安。從此，今天山西一帶以太原西南為中心的廣大地區，便成了他的大本營。

　　黃巢起義軍逼近朱溫管轄地時，朱溫向李克用求助，戰爭勝利後，為答謝李的出兵，朱溫特意設宴款待。但年輕氣盛的李克用在酒

席上驕橫無理，酒後更對朱溫出言不遜。當晚，惱羞成怒的朱溫包圍李克用的住處，想置其於死地。李克用拼死殺出一條血路，三百親兵全部戰死。李朱二人從此結成了死仇。

西元八九五年，李克用被封為晉王。但他用人不明，賞罰無方，只知道攻城掠地，不懂如何鞏固勝利。吞併潞州（今山西長治）後，他任命弟弟李克修為節度使。李克修治軍理政都很有一套，但李克用視察時不看政績，一味地嫌人家招待不周，把李克修活活氣死了。

隨著他的勢力日漸衰弱，朱溫的地盤越來越大。西元九〇七年，朱溫廢掉唐哀帝，自立為王，建立後梁政權。李克用討伐朱溫，雙方勝負難分，僵持不下。就在這緊要關頭，李克用卻突然染上急病，不治而亡，終年五十三歲。

李存孝

被嫉妒害死的十三太保

　　古人說「王不過霸，將不過李」，霸指的是西楚霸王項羽，而將，說的就是李存孝。李存孝的故事源遠流長，從宋代以來，不管是說唱、平話、元雜劇還是小說，都非常喜歡勇猛善戰、力大無窮的李存孝。從古至今，在今大同、朔州一帶，一直流傳著十三太保李存孝的傳奇故事。

　　李存孝在藝術作品中是個大紅人，不過，正史中提到他的筆墨並不多。李存孝（？-894）本名安靜思，代州飛狐（今山西靈丘縣）人，從小父母雙亡。他是晉王李克用麾下的一員驍將，也是其眾多義子中的一個。李克用將他的兒子、義子們封為太保，李存孝排行十三，是十三太保中最出名的。他經常帶領騎兵做李克用的先鋒部隊，身披鐵甲，腰挎弓箭長矛，揮舞著鐵槁衝鋒陷陣，所向披靡，敵人在他面前聞風喪膽。依照作戰慣例，他常常帶著兩匹馬作戰，騎著的馬一旦累了，速度慢下來，他立刻改騎另一匹，上下翻飛，其矯健神勇無人能及。

　　李存孝勇武非凡，軍營中無人能敵，李克用非常器重這個義子，

去哪兒都帶著他，逢人就誇他，無形中給李存孝樹立了很多敵人。西元八九〇年，唐昭宗派兵攻打李克用，殺了他弟弟李克恭，另立孫揆為潞州節度使。李存孝出奇兵伏擊，活捉了孫揆。但是，戰爭取得勝利後論功行賞，李存孝卻沒有得到頭功。

同為李克用義子的李存信出於嫉妒，趁機故意挑撥他與李克用的關係，挑唆他背叛了義父。西元八九四年，李克用逼到城下，李存孝走投無路，哭著說：「兒子本來不願意捨棄父子的關係，投靠仇敵，這一切都是因為李存信誣陷啊！希望能活著見父王一面，說一句話就死。」李克用派人入城把李存孝帶回來，押到晉陽，將他處以酷刑，五馬分屍。行刑前，李克用希望將士們為李存孝求情，他也好順勢赦免了李存孝，但是大家平常就很嫉妒他，沒一個人為他求情。

李存孝死後，李克用很悲傷，十幾天不理政事。據說後來李克用每次和將士們賭博，談到李存孝都會傷心，跟別人喝酒喝到興頭上，聊起李存孝，也會淚流不止。

而今，太原西山風峪溝口的太山腳下，還留有李存孝墓。墓地是一個石頭砌成的墳丘，有石碑一通，刻著「大唐李將軍存孝之墓」。

石敬瑭

飲鴆止渴，憋屈而死

　　五代十國時期後晉開國皇帝石敬瑭，中國歷史上大名鼎鼎的人物。為了當皇帝，他認外族敵人作父，割讓幽雲十六州，中原從此失去北面的屏障，門戶大開，埋下了宋朝幾百年積弱的禍根。

　　石敬瑭（892-942）是太原沙陀族人。年輕時驍勇善戰，出生入死，幾次救了後唐皇帝明宗李嗣源。石敬瑭在朝中名聲大震，人稱「石郎」。李嗣源對石郎非常器重，把女兒嫁給他，當他是心腹。可老丈人一死，石郎就變了心。李嗣源的養子李從珂叛亂，石郎不但不帶兵平亂，反而將皇帝抓住送給了李從珂。很快石郎就嘗到了惡果，李從珂當上皇帝後，對他的勢力很忌憚，百般猜疑，石敬瑭成天提心吊膽怕被殺掉，不得已扛起大旗公然反叛。

　　契丹是五代時期中國北方的強大民族，九〇七年建立契丹國，九三八年遼太宗耶律德光改國號為遼。趁著中原地區混戰，契丹人厲兵秣馬，勢力越來越強。為了和李從珂對抗，石敬瑭向契丹借兵，向小他十一歲的契丹國主認父稱臣，還許下了割讓國土的承諾。雖然他的心腹劉知遠提出條件太屈辱，沒必要許諾那麼多，但石敬瑭仍一意孤

行。

九三六年十一月，石敬瑭在柳林（今山西太原市小店區劉家堡鄉西柳林村）稱帝。石郎終於實現了他的皇帝夢，可他沒想到，自己飲鴆止渴，沒有一個皇帝像他這樣窩囊，雖然高高在上卻戰戰兢兢，生怕契丹老子一個不高興拿走他的皇冠。僅僅六年後，石敬瑭便在憋屈和窩火中病死，給兒子石重貴留下一個爛攤子。四年後，後晉政權就被叛亂的將領和契丹一起滅掉了。

稱帝前，石敬瑭禮賢下士，以仁慈勤儉聞名，治理地方政務也很得民心。本可以做一位有功德的君王，卻偏要當個可恥的兒皇帝，石敬瑭的一個下下策，誤了自己一生。

荊浩

北方山水畫開山鼻祖

「吳道子的山水畫有筆沒有墨，項容有墨沒有筆，我應該取兩人的長處來畫我自己的畫。」荊浩如是說。後來，他果然「忘筆墨而有真情」，成為北方山水畫的開創者，也是五代時期後梁最具影響力的山水畫家。

因為史料缺失，荊浩的生平事蹟、生卒年已不可考，只知道他是今山西沁水人，士大夫出身，不光會畫畫，還博通經史，會寫文章，又擅長書法，是柳公權「柳體」的追隨者。

唐末五代時期，天下動盪，荊浩隱居到太行洪谷，即今天山西沁水中條山主峰歷山東北麓的寺溝河谷。所以，他自稱為「洪谷子」，種幾畝田，徒步旅旅遊，順便畫畫、寫生，每天日出而作，日落而息，過著簡樸、逍遙的隱居生活。

在荊浩之前，中國的山水畫，很少能見到表現雄偉壯闊的大山大水和全景式布局。身處氣勢磅礡的太行山之中，荊浩對大自然的審美認識發生了巨大變化，在他看來，山水樹木和人一樣，有無限的內在生機，自然萬物之間也有其整體關聯。在這種認識中，他最終創立了

「開圖千里」的繪畫新格局。

有記載的荊浩畫作有五十多幅，但除了《匡廬圖》尚存外，其他都已失傳。至於目前據傳是荊浩的幾幅作品——美國納爾遜美術館收藏的《雪景山水》，日本大阪市立美術館收藏的《江山瑞靄圖》，臺灣故宮博物院收藏的《漁樂圖》等，是真品還是仿作，還存有爭議。

不論如何，如今收藏在北京故宮博物院的傳世名畫《匡廬圖》，就是荊浩以山西洪谷山水為題材背景而作的。而作為傑出的美術理論家，其理論著作《筆法記》，也是以中條山主峰歷山一帶的群巒疊嶂、山間飛瀑和古松怪石的氣勢雄姿為原型寫就的。山西這方水土養育了荊浩，他又自山西好風光之間體味到終極之美。像荊浩這樣，內心世界與自然山水合一的人生境界，恐怕是很多人終其一生追求的目標。

宋元

楊家將

男女皆上陣，滿門盡忠烈

中國歷史上的名將很多，將門家族也不少，但沒有一個家族能像北宋楊家將那樣知名。借助評話和戲曲等文藝形式，楊家將在民間幾乎成為忠勇義烈的象徵。

在演義中，楊家將從楊業開始，幾輩人為大宋駐守邊關，忠烈滿門，殉職殞身者不知多少，楊家的女人們在楊業夫人佘老太君的率領下，還上演了《十二寡婦征西》的傳奇。

歷史上的楊業，出身於地方豪強家族，父親楊信是五代時北漢治下的一個小軍閥。楊業年輕時被父親送往北漢國主劉崇那裡，得到劉崇喜愛，稱帝後賜姓給他，因而又名劉業。在北漢期間，楊業主要負責防禦遼的進犯，創下了「無敵」的稱號，功勳卓著。趙光義滅了北漢後，楊業歸順了宋朝，還是負責對遼的戰事。北宋初年趙光義派遣三路大軍北伐遼國，西路軍主將為潘美，楊業為副帥、先鋒，但監軍王侁先是輕敵冒進，後則畏敵先退，置楊業於險地，使得楊業被俘，幾天後絕食而死（他的二兒子也死在這場戰鬥中）。因為這事，王侁被流放，潘美被降級。

楊業死後，其長子楊延朗（後改名楊延昭）繼承父親遺志，繼續為大宋鎮守邊關。據說，北斗七星中第六顆星專門克制遼國，因為楊延朗的威名，遼人都稱楊延朗為「六郎」。演義中說楊業中有好幾個兒子，號稱「七郎八虎」，楊延朗被稱為「楊六郎」，源出其實在這裡。

　　楊延朗的三兒子楊文廣，少年從軍，在宋與遼、西夏的戰爭中多次立功，狄青平滅儂智高之亂時，楊文廣是副帥。楊文廣後來也回到宋遼邊境任職，並死於任上，臨死前還為朝廷獻上奪取幽燕的策略，但以北宋的積貧積弱和苟安心理，他的計策沒有得到落實。如果往遠了說，岳飛手下大將楊再興也是楊家後人。

　　真實的楊家將，比起演義來，或許不夠慘烈，但忠義底色卻絲毫不差，這給民間文藝工作者提供了絕好的素材。更重要的是，北宋在自己人和後人的眼裡，一直是受氣挨打的形象，需要有這麼一個家族來表達不滿、寄託希望。所以，幾乎與楊家將存在的同時，楊家將演義就誕生了，並在隨後的漫長歲月中，每當人們覺得國勢不振時，就把楊家將的故事再講一遍。而位於代縣的楊家祠堂，或者叫楊忠武祠（「忠武」是楊業的諡號）——其實質是一座精神地標，象徵著中華民族性格中最剛烈義勇的那部分。

狄青

面帶刺青的大將軍

　　統領千軍萬馬的大將軍，臉上一直保留著表示地位低下的刺字。當皇帝覺得很不體面，勸他弄點藥膏除掉刺青時，他說：「我本就是出身貧寒的人，因為努力殺敵為國出力，才有了今天的成就⋯⋯我願意留著臉上這些字來激勵自己，同時也激勵那些出身貧寒的將士殺敵立功。」這個面帶刺青的將軍，就是狄青。

　　狄青（1008-1057），汾州西河（今山西汾陽）人。十六歲時，因為哥哥和別人打架鬥毆闖了禍，狄青代兄受過，被強行徵兵入伍，開始了他的軍旅生涯。北宋的法律規定，凡是出身貧寒的人當了兵，臉上都得刺字。這樣的話，就算逃跑也容易被人認出來。可是後來，狄青當了大將軍，臉上還保留著低賤士兵的標記，不能不讓人敬佩他內心世界的強大。

　　一○四○年，經人推薦，狄青得到了范仲淹的賞識。范仲淹向他推薦《左氏春秋》，告訴他：「將帥不知道古今的歷史，就只是魯莽的匹夫而已。」狄青從此發憤讀書，精通秦漢以來將帥的兵法，帶兵打仗也比以前更厲害了。因為他勇猛善戰，屢建奇功，所以升遷很

快，最後當了全國最高軍事長官。

但是，從宋太祖「杯酒釋兵權」以來，宋朝的政治環境一直歧視武將，隨著狄青的官越做越大，朝廷對他的猜忌和忌憚也越來越深。即使在國家危難之際，狄青率兵出征，朝廷也不忘派宦官去監視他的一舉一動。最後，當狄青終於被罷官，離開汴京，去了陳州，朝廷還是不放心，每隔半個月就派人去看他，說是慰問，其實是監視。而狄青也被各種謠言搞得痛苦抑鬱，不到半年，就病死了，年僅四十九歲。

狄青墓在今山西汾陽城北的劉村，墓旁建有狄公祠。後來在抗戰期間被毀。不過還好，「宋狄武襄公之墓」墓碑還在，碑身高四點六米，是山西第二高碑。宋仁宗為狄青書寫的碑文也完好，碑文約三千字，簡述了狄青的生平。

米芾

書法大家愛石頭

米芾其人，愛好廣泛，喜歡書法，愛好繪畫，鍾愛收藏，癡迷石頭……還都不只是喜歡、玩一玩而已，每種愛好他都玩成了專家，玩到了極致。

米芾（1051-1107）祖籍今山西太原，後來全家遷到了湖北襄陽，所以又稱「米襄陽」。米芾愛畫山水畫、枯木竹石，畫有新意，平淡天真，和一般人不同。他平生在書法上用功最深，成就也最大。他不光擅長小篆、隸書、楷體、行書、草書等，臨摹的功底也非常深厚，能達到以假亂真的程度。雖說米芾天資聰慧，但是，他的成功完全靠後天的苦練，絲毫沒有取巧的成分。據說他每天都要練字，連大年初一都不會忘了寫字。米芾喜歡收藏，藏品豐富，每次出門遊玩的時候，都會隨船帶上他的藏品，還會在船上拉起「米家書畫船」的橫幅。

米芾人稱「米癲」，是因為他行為怪異，尤其是對石頭愛得癲狂，這讓他常做一些一般人做不出的事情來。他在安徽做官時，聽說濡須河邊有一塊怪石，當時的人們有些迷信，怕招來不測，都不敢擅

自亂動，米芾卻立刻派人將石頭搬到自己家，擺好供桌，上好供品，向怪石下拜，嘴裡還念念有詞：我想見到石兄二十年了，真是相見恨晚啊！後來這件事被傳了出去，因為米芾有失官家體面，被人彈劾丟了官。但他一向不看重官階這些外在的東西，所以也不覺得後悔。

像這樣的事，在米芾身上舉不勝舉，傳說他喜歡一塊石頭，晚上都會抱著睡覺，愛上一塊石頭，如果得不到，寧可去死，石頭就是他的命。在當時因醉心於藝術，米芾不在乎仕途發展，更從不恭維、巴結別人，所以沒有捲入任何政治漩渦，反倒有更多的時間和精力，去成就自己的一番事業。

文彥博

歷任四朝皆宰相

文彥博（1006-1097），字寬夫，汾州介休（今山西介休）人，北宋政治家、書法家，先後輔佐北宋、仁宗、英宗、神宗、哲宗四位皇帝，出將入相，達五十年之久。

少年文彥博聰慧過人，據說他小時候和小夥伴們玩球，不小心把球滾進了一個樹洞裡，大家想了好多辦法，都不能把球拿出來。文彥博靈機一動，帶領大家往樹洞裡灌水，沒多久，球自己浮了上來。

文彥博謀略過人，富有遠見，殺伐決斷，又寬厚待人，不管是做文臣，還是去帶兵，都成績斐然，令人敬佩。而且，他和一般的清高文人不同，腦子十分活絡，很懂人情世故。據說宋仁宗的妃子張貴妃的父親曾是文彥博家的門客，張貴妃主動結交文彥博，稱他為伯父，把他作為自己的外援，也主動給他消息，助他升遷。有個叫唐介御史的抓住這事不放，以私結宮掖為名彈劾文彥博。皇帝一怒之下，文彥博被降了職，唐介也被免了官。後來朝廷有事要用文彥博，文給皇帝寫報告說：「您只叫我不叫唐介，我不敢回去。」於是皇帝又起用了唐介。後來唐介的兒子做了文彥博的門客，竟然得到重用，可見文彥

博「宰相肚裡能撐船」。

文彥博縱橫官場五十多年，名聲在外。有一回，契丹使者來拜見宋哲宗，與文彥博偶遇。當聽說他已經八十多歲高齡時，使者肅然起敬。陪同人員蘇軾介紹說：「你只是看到他的容貌，沒聽見他說話。他處理事情乾脆俐落，年輕人都不如他，他學問貫通古今，專家學者也有比不上他的。」還有一次，西羌首領得了一匹名馬，特意央求邊防官吏幫忙把馬運到洛陽，送給文彥博。可見其聲望之高。

文彥博有思想，有性格，能力強，會變通，其為人處世堪稱一代俊傑。明清時候，介休老家修建了文彥博祠堂，供後人祭奠、瞻仰。

司馬光

他給皇帝寫教材

　　司馬光（1019-1086）出名很早。七歲時，他機智沉著、臨危不懼，砸破水缸救出夥伴的故事，被人畫成《小兒擊甕圖》廣為流傳。長大後的司馬光，直率坦誠，耿直熱情，博學強識，喜好讀史，又跟著父親遊歷了不少名山大川，見多了各地的風土人情，比同齡人更多一份成熟。

　　二十歲的司馬光剛中進士，父母便相繼病逝。辭官回老家（今山西夏縣）居喪期間，他閱讀了大量的書籍，排遣內心的哀傷。這也讓他有機會跟鄰里親友交往，瞭解到底層人民生活的情況。

　　司馬光做官和別人不同，別人是官越大越好，他呢，不看官大官小，只看自己能否勝任，看是否是自己擅長的領域。一○六一年，司馬光被任命為起居舍人，也就是諫官。這是個得罪人的差事，沒人願意幹，司馬光卻開心地去上任了。諫官有權直接向皇帝進言，可以干預國家大政方針，可以把老百姓的疾苦告訴最高領導人，這是他嚮往已久的事啊！做諫官的五年裡，司馬光直言敢諫。不管是皇親國戚，還是寵臣近侍，甚至於皇帝，他都直言不諱，幾乎到了嘔心瀝血的地

步。

四十四歲那年，皇帝讓司馬光做知制誥，每天掌管起草皇帝的詔書。這是個容易飛黃騰達的職務，每天陪在皇帝左右，既能顯露才華，又易得到提拔。但他不願意去，覺得自己不適合擔任，於是堅決推掉了這個任命。

司馬光為人誠懇真實，嚴肅認真，非常固執，不達目的不甘休，但從來都對事不對人。西元一〇六二年，他的好朋友王安石擔任參知政事，在全國上下推行改革、變法，史稱「王安石變法」。司馬光和王安石對政治形勢的認識基本一致，但他不同意王安石的做法，堅決抵制，不因好友的關係而有所融通。

仕途上，司馬光很成功，一生從政四十多年，歷經四位皇帝，都很信任他、重用他。不過，他在歷史學上的成就也是不可抹殺的——退居洛陽的十五年裡，他編寫出中國第一部編年體通史《資治通鑑》，其史學價值不可估量，後來更成為歷任皇帝們正己修身、治理國家的必讀書目。

關漢卿

梨園界的領袖，劇作家的前輩

對於「世界文化名人」關漢卿（生卒年不詳）來說，後人研究他的劇作，分析他的戲曲作品如何深刻，思想內涵如何厚重，卻因為當年他只是一個跟戲子、妓女們混在一起的「下九流」，正史沒有記載他，這在今天看來，總是令人遺憾的。

關漢卿究竟是哪兒人，目前有三種說法，一說大都（今北京）人，二說祁州（今河北安國）人，三說解州（今山西運城）人。三個地方都在爭，河北安國還有關漢卿墓和關漢卿紀念館，但經過很多專家和研究者分析、考證後認為，「解州說」的可能性最大。

作家總會有意無意間把自己的生活境遇與經歷帶到作品中去。關漢卿的散曲《南呂》〈一枝花〉帶有自述性質，其中用第一人稱記述了他生活上的某些經歷，還生發了許多感慨。中山大學吳國欽教授說，「這一套曲，是關漢卿的一幅『自畫像』。」在曲子裡，關漢卿說，「我是個普天下的郎君領袖，蓋世界浪子班頭。」又說，「我是個蒸不爛、煮不熟、捶不扁、炒不爆、響噹噹一粒銅豌豆。」風流倜儻的關漢卿把這曲子送給了女演員朱簾秀。

賈仲名在《錄鬼簿續編》裡說，關漢卿是梨園界的領袖、劇作家們的帶頭大哥、戲班子的班頭。那時候，戲班子裡的觀眾各色人等都有，上至王公貴族，中有商賈士人，下到販夫走卒，都是來尋歡作樂的。所以，這裡面除了演戲唱曲之外，還得有賭博、圍棋、歌舞、吹彈，等等各種活動。關漢卿自詡他在戲曲界裡是有資歷、有影響的老前輩，什麼有趣的玩意兒他都會。這和當時的道德觀念是格格不入的。但是，在那個特殊的歷史年代，知識分子如果不憑藉科考進入官場，為了生計，就不能不委屈自己，去開闢其他的道路。

　　不過，關漢卿沒有自暴自棄，也沒有抑鬱退隱，反而表現得鬥志昂揚、陽光燦爛。他施展才華，寫出大量藝術作品，描寫社會底層的弱者，反映普通婦女甚至妓女們的生活，為他們鼓與呼，為他們的自強不息搖旗吶喊，為他們的生命、生活喝彩或抗爭。說關漢卿是中國的莎士比亞，這話一點不為過。

元好問

以一己之力修一朝之史

　　家庭對人的影響是巨大的。元好問的先祖本是北魏皇族拓跋氏，北魏孝文帝推行漢化政策，才舉家改姓元。元好問（1190-1257）出生在秀容（今山西忻州），因為出自少數民族，元家家風寬容，不拿狹隘的種族觀念去區分正統，元好問在這樣的環境下長大，對他一生都有重大的影響。

　　元好問的老師名叫郝天挺，是元代名儒郝經的爺爺。郝天挺在今山西陵川一帶很有聲望，他教育元好問要系統地鑽研經史和諸子百家，而且要融會貫通。對於元好問儒家道德品質的培養，也十分上心，他常說：「現在的官，多因貪污受賄而垮臺，都是吃不了饑寒之苦，又不能克制私欲所致。大丈夫若是不耐饑寒，那就一件事也做不成。」元好問跟郝天挺扎扎實實學了六年，為終身治學打下了堅實的基礎。

　　一二一五年，蒙古軍突然南下，包圍太原。元好問全家從山西逃難到河南。在兵荒馬亂的年月，元好問依然不輟苦讀，兩年後竟寫出一組詩歌評論《論詩三十首》，抒發他對詩壇的看法，直指金代詩歌

創作中的流弊。這一年，元好問二十八歲。

元好問有一首著名的詞作《摸魚兒》，「問世間，情是何物，直教生死相許？……千秋萬古，為留待騷人，狂歌痛飲，來訪雁丘處。」寫的就是發生在太原的一件事。那年，元好問去太原考試，路上碰見一個捕雁的人。他說，「今天已經殺了一隻雁，它的伴侶本來已經逃脫，但不停地悲鳴，竟故意撞地而死。」元好問聽了很感動，便從他手裡買下死雁，埋葬在汾河邊，堆上石塊做標誌，起名為「雁丘」，然後做了這首詞。

金朝滅亡後，元好問被羈押了一段時間，又返回山西生活。他怕朝代更迭之際的歷史真相被人歪曲，便以寫金史為己任，希望後人能從國家興亡中吸取教訓。他每收集到一點有價值的史料，就用小楷記錄在紙條上，寫滿若干張，就捆成一束。在他去世之前，終於完成史稿。所以，在遼、金、元三朝少數民族的歷史中，只有《金史》比較完善，這與元好問的貢獻分不開。

作為漢化的少數民族，元好問漠視種族地域，認為皇帝是次要的，百姓才更重要。所以，只要是有利於百姓的事，有利於華夏文明的事，他都會去做。在他看來，挽救文化比以身殉國更有價值。

郝經

可憐一代名儒，壯志未酬身被囚

郝經（1223-1275），澤州陵川（今山西陵川）人，出身於儒學世家。其祖父郝天挺是元好問的老師。

郝經出生於戰亂年代，過著顛沛流離的生活，直到十六歲才跟著父親開始學習。每天晚上九點多，他才能結束一天的工作，坐下來看書，困了就打個盹兒，醒了接著看書直到天亮。他苦學的精神讓很多人深受感動，當地兩位官員賈輔、張柔先後聘請他為私塾老師，既能使他養家糊口，又讓他得以飽覽兩家豐富的藏書。十幾年後，郝經已成為精通經史百家的學者，還形成了一套系統的治國思想。

郝經是忽必烈的謀士。他的治國理論，他對軍事的看法、建議、主張，忽必烈都非常重視。忽必烈能繼承大汗位，郝經功不可沒。繼承汗位後，為了穩定新政權，忽必烈決定停止對南宋的軍事進攻，讓郝經帶著四十多人前往南宋議和。誰知郝經剛到，便被丞相賈似道祕密監禁起來，百般阻撓他與南宋皇帝見面。

被囚的十六年裡，面對賈似道的威脅、分化、策反和迫害，郝經寧死不屈，不為所動，連看守人員都被他感動了。一天，看守送來四

十多隻大雁，讓郝經改善生活。看到大雁，他突發奇想，或許可以鴻雁傳書？一二七四年九月的一天，他將寫好的帛書用蠟丸包好，繫在大雁腳上，送它高飛。還沒等到大雁的音訊，元朝的軍隊已打到了南宋，郝經可以回家了！其實，大雁沒有辜負郝經的重托，真的把書信帶到了北方。不過，當元朝的官員發現這封信時，郝經已因為監禁生活而受盡折磨，在回家的第二年即病逝。人們捧信細讀，再次被郝經的忠義所感動，把他比作「漢代的蘇武」。到元朝末代皇帝時，人們還在追憶他。

被囚期間，郝經將他的思考寫成了一部部學術著作，內容涉及政治、經濟、哲學、文學、史學以及天文學等多個領域。作為思想家，郝經雖然推崇儒家，但沒有惟漢獨尊，他提出「從君不分夏夷」論，不論漢族還是少數民族，只要對百姓好，都可以當皇帝。中國多民族國家的形成，與像郝經一樣堅持這種思想的歷史人物是分不開的。

如今，在郝經故鄉陵川縣，還建有小廟和祠堂，裡面供奉著郝經像，人稱「聖人祠堂」。

賈魯

有一條河，以他命名

黃河被稱為中華民族的母親河，可這條河總不讓人省心。黃河泥沙多，泥沙堆積在下游的河床上，日積月累，越來越高。每逢秋天汛期到來，輕則氾濫決堤，重則河道大改。

在元朝統治的九十一年裡，黃河決堤了六七十次，平均每一年半決堤一次，而決口有二三百處。西元一三四四年上半年，中國北方一些地方連續幾月普降大雨，河水暴漲，衝破了白茅堤、金堤，沿河居住的人們流離失所，哀號動天。山西高平人賈魯（1297-1353），就在這個時候登上了歷史的舞臺。

賈魯沿著河道考察地形，往返幾千里，繪製了地圖，向元順帝報告：有兩個治理辦法，一是修築北堤，二是疏塞並舉，恢復舊有的河道。報告遞上去後，沒有被採納。一三四九年，黃河再次決口，賈魯再次提出自己的方案，疏塞並舉的方案被宰相脫脫採用。一三五一年四月，五十五歲的賈魯帶著十五萬民工和二萬士兵，開始了黃河治理史上著名的「賈魯治河」。

賈魯的思路是：先把原來的水道疏通好，然後把決堤的口子堵

住，引導黃河水重新流向原來的水道。他創造了石船堤障水法，用二十七艘大船組成三道船堤，每堤九艘船，用鐵錨固定住船身，三道船堤連成一體。在船中鋪上草，裝滿小石子，這樣把船變成石船。二十七艘石船依次下沉，層層築起「石船大堤」。可是在船堤合龍的緊要關頭，黃河水勢突然暴漲，怒吼咆哮，船基大動，工人們都嚇呆了，以為這下可完了，呼喊著就要逃走。賈魯卻機智沉著，敏捷果敢，指揮十幾萬人奮力拼搏，經過驚心動魄的大搏鬥，終於完成合龍工程，將黃河水引入故道。整個工程進行了一百九十天，將近九年來的水患終於結束。

後來，人們為了紀念賈魯的功績，就把他治理的這條河道稱為賈魯河（今河南境內）。用治河者來命名河道，這在黃河治理史上絕無僅有。

明清

羅貫中

三國歷史的民間敘述者

　　羅貫中（約1330-約1400）是山西祁縣人，父親是做絲綢生意的商人。十四歲那年母親病故，羅貫中輟學跟父親去蘇州、杭州一帶做生意。那時杭州不僅是商業發達的繁華都市，也是戲劇演出和「說話」藝術發展的中心，更聚集了關漢卿、鄭光祖等活躍在文藝圈子裡的名流。受此感染，羅貫中決定棄商從文，從此走上藝術創作道路。

　　羅貫中先是拜了著名學者趙寶豐學習，還給自己取號「湖海散人」，意思是漫遊江湖、浪跡天涯，隨後又結交了不少志同道合的文友。但是，羅貫中與人寡合，又自命清高，知交好友不多。據記載，和他私交不錯的也就兩個人，一個叫賈仲名，一個是施耐庵。後來，賈仲名寫了一本小冊子《錄鬼簿續編》，記錄了不少戲曲家及其作品。羅貫中作為與「倡優」、戲子等「下九流」為伍的戲曲平話作家，正史不可能為他作傳，後人通過他這位好友的小書，才略微瞭解了他的一些事蹟。另一位施耐庵，則是中國著名古典小說《水滸傳》的作者。

　　羅貫中所處的時代，民族矛盾和階級矛盾異常尖銳複雜。元朝蒙

古貴族的殘酷統治和壓榨，激起了全國人民的反抗，推翻元朝統治的戰火此起彼伏。據傳，羅貫中在這種社會背景的影響下，參加了其中一支起義軍，給張士誠充當謀士。在張士誠失敗後，羅貫中轉而投身到他一直愛好的文藝創作中。

他與說話藝人、雜劇作家聊天，到處考察、采風，搜集民間流傳的英雄故事，整理、撰寫出許多以民間話本、戲曲為原材料的小說。其中，最受後人推崇的，便是《三國志通俗演義》。

文藝創作來源於生活而高於生活，羅貫中生活於亂世，他筆下的故事也都以亂世為背景。他寫小說，一方面是書寫胸中憤懣，另一方面，也是想為他熟悉的說話藝人們提供一個好的本子。他成功地把章回體小說推向了成熟，揭開了中國小說發展的嶄新一頁，而且，他的《三國志通俗演義》，不僅在國內婦孺皆知，還被翻譯成多國文字，風行全世界，被國外學者稱為「一部真正具有豐富人民性的傑作」。

王瓊

四朝元老，治世重臣

　　王瓊（1459-1532），太原府太原縣（今太原市晉源區）人，明朝政治家，軍事家。王瓊在其政治生涯中做了三件被人稱道的大事，一是治理漕河，以敏練著稱，二是平定宸濠叛亂，三是總制西北軍務，立功邊陲。其一生政績卓著，攻於學、勤於政、忠於君。歷史上將他和于謙、張居正並列為明代三重臣。

　　王瓊四歲會寫楷書，八歲讀通《尚書》，二十六歲進入官場，經歷了明朝成化、弘治、正德和嘉靖四朝皇帝，從一個六品小官到在戶部、兵部、吏部任尚書，主管過民政、財政、軍事和官員任命、調派。王瓊所處的時代，是一個宦官弄權、官員派系鬥爭嚴重、農民暴動、邊疆矛盾突出的動盪時期。然而，他卻以出色的才能，妥善處理各項事務，對內關注民間疾苦，對外維護國家的安定統一，被後人譽為明朝「治世重臣」。

　　久在官場，不可能事事順利。王瓊被人誣陷遭貶時，已經是六十三歲的老人。為了讓父親安度晚年，他的長子王朝立為父親在家鄉太原懸甕山下建了一座園子，名為「晉溪園」。王瓊回去後，每天吟詩

寫字、下棋垂釣，怡然自得。但這樣閒適的生活過了不到半年，嘉靖皇帝又因西北戰事吃緊把他召回。已經七十歲高齡的王瓊，竟然又赴疆場。

王瓊為人耿直，不阿諛奉承，胸懷又十分寬大，不計前嫌。南京御史馬揚曾中傷王瓊，嘉靖皇帝將馬揚下獄，但王瓊說，我當尚書的時候，馬揚還沒當官呢，我的履歷，他怎麼知道的？他是被人蒙蔽利用了。在王瓊的舉薦下，馬揚從監獄裡放出來，官復原職。

而今，晉溪園裡建有王瓊祠。祠前有兩株古銀杏樹，樹高二十多米，相傳是當年王瓊親手栽種的。王瓊出自太原王氏，近年來常有王氏後人來祠內瞻仰、祭祀，憑弔先祖功績，感懷先祖精神。

楊博

他把青春獻給大明邊關

明朝蒲州（今山西永濟）人楊博（？-1574）是個文武全才。

他從小喜歡讀兵書，二十歲時中了進士，走上仕途。沒過多久，他的軍事才能就有了用武之地。在跟隨大學士翟鑾巡視邊鎮軍事的途中，他把經過的山川地理、風俗民情、兵士多寡強弱等情況都認真記錄下來，心思十分縝密。翟鑾是個伯樂，回去後，他立刻向嘉靖帝舉薦了楊博這匹千里馬。從此，楊博開始全面負責明朝北部的邊防事宜。

西元一五五四年秋天，蒙古人來犯，楊博帶著部下奮力抗擊，四天四夜不卸盔甲，面牆而睡。這場戰爭打得異常艱苦，蒙古人數次登上城牆，楊博帶領的明軍和敵人近身肉搏，有的甚至咬掉了敵人的手腕。經過殊死搏鬥，終於把蒙古兵逼退。楊博抓住有利戰機，乘勢反攻，選出幾百名戰士組成敢死隊，連夜火燒敵營，終於扭轉戰局，反敗為勝。皇上非常高興，晉升他為兵部尚書，加封太子少保。後來，為了堵絕蒙古人進山西的通路，楊博又在大同牛心山等地修繕了城堡、壕塹等邊防設施。

楊博一生駐防邊關四十年，為護衛明代中期的北部邊防立下了汗馬功勞。最難能可貴的是，他在鎮守邊陲時，不僅善於整軍備戰，還非常體貼老百姓的疾苦。他關心當地的農業生產，注重水利建設，允許當地人民將開墾的土地占為己有，並且不向他們徵稅。其獨到的見解都寫入了軍事著作《本兵疏議》一書。

　　楊博文韜武略，才能突出，嘉靖帝一直把他作為自己的左膀右臂，曾毫不掩飾地對別人說：「自從楊博進了兵部，每逢邊關有事，我必定要先和他謀劃一番。」

楊繼宗

天下只他不愛錢

　　明朝官吏貪污賄賂成風，然而淤泥之中卻有青蓮，陽城人楊繼宗（1426-1488）官不大，卻成為後世敬仰的剛正廉潔的好官，以至於當時掌權的太監汪直都承認，「天下不愛錢的，只有楊繼宗一個人而已。」

　　一四六五年，楊繼宗在富裕的嘉興擔任知府。一次，專門糾察官吏的監察御史孔儒來嘉興清理軍籍，對百姓十分嚴酷。楊繼宗對此十分憤慨，張貼公告說：「誰被御史打死了，家屬可以來知府上報。」孔儒見了很生氣，楊繼宗不卑不亢地說：「你身為御史，應該監察奸弊、獎懲官吏，底下百姓的事，是其他官員的事，輪不到你管。」楊繼宗說的句句在理，孔儒無法反駁，但心裡很恨他。離開嘉興前，孔儒給楊繼宗來了個突然襲擊，想找些他貪贓枉法的證據，衝入府衙，打開楊繼宗鎖著的箱子，卻發現裡面只有幾件破舊的衣服而已。

　　楊繼宗不畏權貴，是因為他行得正坐得端，清正廉潔，沒有小辮子給人抓。他前往嘉興上任時，只帶了一個僕人，任期到了，離開時，帶的還是那名僕人。當時宦官橫行，有個叫秦品的宦官路過嘉

興，想趁機撈點好處，楊繼宗給他送了些菱藕、曆書，秦品不要，只要金銀財寶，楊繼宗就發公函取出國庫的金子，說：「金錢都在這兒，但是你得給我打個收據。」嚇得秦品不敢接受。

楊繼宗對貪官深惡痛絕，但對百姓卻十分慈愛寬厚。在浙江按察使任上時，有十幾名倉庫管理員因為保管糧食出現虧損被關進監獄，甚至被迫賣兒賣女來償還。楊繼宗對這事很上心，到了發每月的錢糧時，他特意稱了一下自己的，結果發現比實際的多，其他官員的也是這樣，原來這就是倉庫糧食變少的原因啊！楊繼宗決定把官員俸糧大於定額的情況上報朝廷。官員們都很害怕，一起去見楊繼宗，寧願捐出自己的俸糧替倉庫管理員償還虧空。於是，那十幾個人被無罪釋放。

楊繼宗善良廉潔，無欲則剛，即使位高權重的貪官也對他肅然起敬，不敢輕易冒犯。至今，陽城還流傳著楊繼宗智鬥權奸的故事。

王國光

他走到哪兒，就把改革帶到哪兒

在今山西陽城、沁水一帶，至今流傳著王國光的傳奇故事、口頭民諺。作為明代的財政家，「萬曆中興」的改革家，王國光名聲顯赫，權傾一時。

王國光（1512-1594），澤州陽城（今山西陽城縣）人。他歷經明朝世宗、穆宗、神宗三位皇帝，在政治舞臺上活躍四十多年，是一位成功的政治家。王國光進入官場的時候，明王朝已走向沒落，政治腐敗，官場傾軋，經濟衰退，民不聊生。一五四四年，剛中了進士的王國光前往吳江擔任知縣。到任的第一天，他就在衙門前豎起一塊石碑，上面刻著「山西王國光，初任到吳江，若受一文錢，客死不還鄉」，以此自律，接受百姓的監督。之後王國光又相繼在多地做知縣，不管是在魚米之鄉還是貧困地區，他都保持著清廉本色，銳意改革，興利除弊，為民解困。

但是他官運坎坷，幾起幾落，仕途充滿了戲劇性。從兵部到戶部，從刑部到吏部，幾乎國家各個重要的部門他都擔任過要職。王國光一生最輝煌的時候，莫過於做宰相張居正改革助手的那幾年。一五

七二年七月，王國光擔任戶部尚書，開啟了他大刀闊斧進行改革的黃金時代。只用了短短四年時間，國家的財政狀況就在他手裡煥發了生機。他在改革實踐中搜集、總結的資料彙編成《萬曆會計錄》，後來成為明清兩代田賦的準則。隨後王國光去吏部，又對不合時宜的舊制度、舊秩序進行改革。據說他記憶力超強，對全國各地知縣的姓名如數家珍，只憑申報上來的一點材料，就能迅速判斷出某個官員的政績如何。

改革必然觸動某些人的利益，王國光因此被人嫉恨。有人在皇帝面前彈劾他，說王國光挪用公款給自己蓋房子，皇帝很生氣，但念在他幾十年來勞苦功高，沒有深究，讓他致仕回家了。七十歲的王國光回到家鄉後，也沒有閒著，他用退休金興學助教、建設鄉里，被百姓傳頌至今。

如今，陽城上莊村還保留有王國光故居，因其做過的吏部尚書有「天官」之稱，他的故居就被稱為「天官王府」。每年正月十五鬧紅火，村裡都要排演「天官回鄉」的節目，懷念先賢王國光。

薛瑄

學者型官員的榜樣

　　薛瑄（1389-1464），祖籍河津縣南薛里（今萬榮縣里望鄉平原村），出生在一個職業教育家庭。因為父親擔任儒學教諭，任期一滿就要挪換地方，薛瑄便從小跟著四處遷徙，開闊眼界的同時，也有機會接觸到全國其他地方的長者名儒，慢慢確立了自己的學術方向。三十歲時，薛瑄還是一心向學，對當官不感興趣。但是國家規定，教諭所在的縣，如果長期無人考取舉人、貢生，他就得被發配到邊遠地區服役，為了父親著想，薛瑄只好開始準備考試，第二年中了鄉試頭名，第三年又考取進士。

　　薛瑄很快得到升遷，出任一個掌管銀礦開採的肥缺。可幾年後他回到北京，住的屋子不過是兩間平房，東屋沒有窗戶，終年不見陽光。他連修窗戶的錢都沒有，兒子薛淳只好用廢舊小車的車輪改裝了一扇窗戶。

　　太監王振登上明朝政治權力舞臺後，極力拉攏薛瑄，但薛瑄絲毫不為所動，因此得罪了王振，被逮捕入獄，判了死罪。王振家有個老僕人，也是山西人，薛瑄被處斬前夕，在廚房裡偷偷流淚。王振問他

為什麼哭，他說：「聽說我的同鄉薛夫子要被處死了。」然後詳細地給王振講述了薛瑄的德行為人。王振聽後，深受震動。同時，朝中有不少人極力為薛瑄開脫，薛瑄終於被免了死罪。

不管做官多久，薛瑄的認真嚴肅、剛直耿介始終不變。一次，因為一件冤案，薛瑄與王文起了爭執。這個王文，就是當年在王振授意下彈劾薛瑄，導致他入獄的人，是薛瑄的死對頭。這次兩人狹路相逢，王文氣鼓鼓地說：「這老頭還是和當年一樣倔！」可最後案子了結，王文也覺得自己做得太過分了，開始對薛瑄產生了敬重之情。

六十八歲時，薛瑄終於進入統治集團核心，迎來他政治生涯的巔峰期。但他發現，當時的皇帝昏庸，奸臣胡作非為，自己年紀也大了，實在心有餘而力不足，不如告老還鄉，把餘熱發揮在教育人才上。

薛瑄從教八年後去世，墓葬在今天的萬榮縣平原村。一五一七年，明王朝准許薛瑄從祀孔廟，這是國家給予儒者的最高表彰。

麻貴

援朝抗日不辱麻家將

　　麻貴（生卒年不詳）出身於一個回族軍人之家。麻家從軍的有三十多人，官職也都不低。麻家人世代守衛明朝的北部邊疆，長期抗擊遊牧民族侵擾。明代皇室為表彰麻家的功勛，在其家鄉右衛城（今山西右玉縣）設立牌坊，麻家戰士戰死後，大都魂歸故里，墓葬敕賜建碑，配享石人、石馬、石羊、龍頭大碑等榮耀。

　　麻貴的父親麻祿和哥哥麻錦，都是在抗擊蒙古俺答侵犯的戰爭中立功升遷的。青年時代的麻貴，弓馬嫻熟，武藝高強，從軍後，他追隨父兄的功業，也因為屢立戰功而不斷得到升遷。一五五八年春天，蒙古俺答又帶著部隊來圍攻大同右衛，麻祿抱著與城池共存亡的堅強決心，死守四個月，最後取得了勝利。在這次守衛戰中，有些將吏因貪生怕死而臨陣脫逃，只有麻貴和哥哥麻錦驍勇善戰，受到了獎勵。

　　慢慢地，麻貴在朝中的名聲越來越大，很多官員都說，他是一個能幹的將領，很會用兵打仗。一五九二年，寧夏副總兵哱拜突然起兵造反。朝廷派麻貴去把這件事擺平，經過半年多的苦戰，寧夏的叛亂終於被平息，麻貴也因功績顯著被升了職。

麻貴被譽為「百戰百勝之將」，但一生中最值得稱道的，是他在抗日援朝戰爭中的表現。一五九七年，日本宰相豐臣秀吉傾舉國之力，發動了侵朝戰爭。唇亡必定齒寒，明朝政府任命麻貴為備倭總兵官，帶領軍隊赴朝鮮作戰。麻貴到達朝鮮國都王京（今漢城）後，日軍十五萬人已快速逼來，情況十分危急。麻貴審時度勢，立即派遣副將與朝鮮軍隊一起擊敗敵軍，日軍第二司令官加藤清正退守蔚山。很快，明政府任命的平倭總督、經略楊鎬先後趕到，三人商定兵分三路進擊蔚山。但是，由於楊鎬指揮失誤，戰爭沒有按照預定計劃進行。關鍵時刻，又是麻貴帶著戰士們奮勇作戰，大破日軍。豐臣秀吉因為戰事不利憂鬱而死，日軍開始軍心不穩。麻貴乘勝追擊，發起猛攻，徹底粉碎了日本侵朝的企圖。

幾年後，麻貴因病辭職，回到家鄉右玉。雖然他不在朝了，但美名一直為人們所傳頌。當時人們所說「東李西麻」，李指的是遼寧鐵嶺朝鮮族的李成梁、李如松、李如柏父子兄弟，麻指麻貴家族，李、麻兩家都是少數民族，又都為國家抗擊外侵，堪稱一代佳話。

孫傳庭

大明王朝維穩第一人

孫傳庭（1593-1643）是個幸運的人。

他身材高大威猛，性格沉著堅定，而且足智多謀。一六一九年中進士之後，他先是做了河南永城縣令，因為才幹突出又被調到商丘。經過幾次升遷，很快進入統治集團高層。

孫傳庭是個很有個性的人。

前途一片光明的他，因為不滿明朝大宦官魏忠賢專權，放棄官職，回了老家山西代縣，一待就是八年。一六三六年，重返仕途不久的孫傳庭主動請纓，自告奮勇去對付陝西農民軍。要知道，他之前幹的都是文職，也沒什麼沙場征戰的資歷，面對來勢洶洶的農民起義軍，別人都唯恐避之不及，他卻積極湊了上去。

一六三六年三月孫傳庭走馬上任，七月就誅殺了當時起義軍中勢力最強的高迎祥，一戰成名。從此，鎮壓明末農民軍起義成了他一生最重要的目標和任務。

高迎祥死後，他的外甥李自成舉起起義大旗，繼續和明王朝鬥

爭，很快與起義軍剋星孫傳庭狹路相逢。一六三八年，孫傳庭埋伏重兵大敗李自成。李自成只帶了十八個人突圍，僥倖逃走。經過這次戰役，農民起義軍元氣大傷，陝西境內的武裝鬥爭暫時偃旗息鼓，進入低潮。

從一六一九年中進士，到一六四三年兵敗身亡的二十五年裡，孫傳庭從一個小小的知縣逐步升到兵部尚書，統領七省軍務，先後參與並主持了幾十次對農民起義的鎮壓。不管是對起義軍的聯合圍剿，還是單獨行動，他都以其獨有的多謀、果斷，緊緊扼住了起義軍想要壯大的咽喉。所以，正史中有「傳庭死而明亡」的說法。

但是，因為與主和派楊嗣昌等人政見不一，孫傳庭遭到誣告彈劾，被監禁了三年。等到朝廷再起用他的時候，農民起義軍已漸成氣候，形成燎原之勢，已非孫傳庭所能控制。一六四三年，孫傳庭戰死陣中，可是，因為屍體一直沒找到，崇禎皇帝懷疑他的下落，最後都沒對他進行追封。明朝最後的悍將，就這樣湮沒在戰火硝煙中。

傅山

思想巨匠，百藝皆通

傅山（1607-1684），歷史上著名的思想家、書法家、醫學家和詩人。

傅山家世代居住在大同，後來遷徙到忻州，到他曾祖父傅朝宣時，移居到太原陽曲（今太原尖草坪區）西村。明王朝滅亡的時候，傅山三十七歲，已經是一位頗有影響力的名士，在一些挽救危亡的舉動失敗後，絕望的傅山回到太原隱居起來，以明朝遺民自居，自稱「太原人作太原僑」，抱著一種不合作的態度，不願為新的王朝效命，直到七十七歲去世。其間，康熙曾授封他「內閣中書」的職務，他根本不予理會，陽曲知縣奉命給他家門上懸掛「鳳閣蒲輪」的匾額，他也很不客氣地拒絕了。

傅山一生，在許多領域都創造出別人難以企及的成就，他工詩善畫，被稱為「清初第一寫家」；他長於詩賦，風格倔強剛毅，是末世和亂世中的最強音；他博古通今，開啟了清朝研究先秦諸子的道路；他還擅長醫學，精通各科，尤其是婦科和兒科；他甚至還是武術家，山西代表性拳法形意拳的傳播，就有他的功勞；在侍奉生病的母親

時，他發明出一種養生粥——「頭腦」，現在還是太原人冬天最喜歡的早點。

傅山最值得稱道的有兩點，一是思想深邃有遠見。他思考明朝的覆亡，將視野投向了整個中國歷史王朝專制的弊病，認為君權才是萬惡之源；一是氣節高邁堅定。明亡後，傅山保持了崇高的民族氣節，堅決不給清王朝做官，而是出家做了道士，因為明朝的國姓是朱，朱就是紅，所以，他常穿大紅道袍，別號朱衣道人，以示不忘故國。

中國凡是亂世，學術思想脫離了王朝政治的桎梏，反而會有長足的發展。在明末清初那個亂世，催生的就是傅山這樣一些超越時代的思想巨匠。所以，梁啟超才稱傅山和顧炎武、黃宗羲、王夫之、李顒、顏元為「清初六大師」。

而今，太原城內外留下了許多傅山的文化遺跡，如他曾經坐診的三橋街三和堂藥店，居住過的傅家巷四號院，就讀的三立書院（位於今半坡街）等等。歲月滄桑，傅山故居和牌坊等都已不存，只留地名。不過，一九一八年，三晉人士在杏花嶺區東緝虎營（今山西省政協院內）建造了傅公祠，可供人們祭奠；建造於一九九〇年的碑林公園，北園內有座傅山碑林，是目前中國第一個大型個人書法碑林。這裡矗立著傅山有代表性的二百二十二通書法石碑，都是學者們費盡心血收集的傅山書法真跡刊刻而成；另外，還可以去傅山故里——今太原市尖草坪區西村的中華傅山園內，追隨傅山走過的足跡，領略他在各個領域的巨大成就，感受他的精神世界。

閻若璩

打破砂鍋問到底的考據學家

太原人閻若璩（1638-1704）出身於書香門第，家庭文化氛圍很濃。他小時候資質不高，讀書千百遍也記不住。可是他專心又刻苦，下午放學後同學們都回家了，他還在那兒用功，甚至把書一頁頁地拆開，背會一頁燒一頁，直到把一整本書都能背下來。就這樣天天苦讀，終於在十五歲那年的一個冬夜，突然頓悟，豁然開朗，從此竟成了個聰明絕頂、過目不忘的大才子。

中國古代典籍中的《尚書》，相傳是由孔子修訂的。秦始皇焚書坑儒後，到了西漢，《尚書》只留下二十九篇，是用漢代通行的隸書抄寫的，稱為「今文尚書」。漢武帝時，從孔子家的牆裡面發現了用戰國文字抄寫的「古文尚書」，後來在戰火中遺失。到了東晉元帝的時候，有個叫梅賾的人，說自己有一部「古文尚書」和孔子第十一代孫孔安國的《尚書傳》，一併獻給了朝廷。

二十歲時，閻若璩讀「古文尚書」，覺得梅賾進獻的這書很可疑，應該不是真的。其實，最晚從宋代開始，就有包括朱熹在內的不少學者相繼提出了質疑，但都沒有拿出實在的證據。而閻若璩考辨源

流、引經據典，寫出《尚書古文疏證》，把書裡自相矛盾的地方一條一條地列舉出來，一共找出一百二十八條證據，證明所謂的經典竟是假的。這件事在當時的學術界引起了很大的轟動，《尚書古文疏證》更被從事考據的學者奉為典範之作。

閻若璩一生治學嚴謹，他的兒子說，他讀書的時候，不找到源頭絕不甘休，經常因為一句話，翻十本書去找佐證，其他人都因此頭暈目眩了，他自己還精神抖擻，目光如炬，廢寢忘食，非得弄明白了才行。因為這種讀書求甚解，打破砂鍋問到底的精神，學者們都把閻若璩推舉為「清代漢學第一人」。

于成龍

天下第一廉吏

于成龍（1617-1684），字北溟，清代山西永寧州（今山西呂梁市方山縣）人，是清代著名廉吏，以其卓越的政績和廉潔的一生，深得百姓愛戴。

四十四歲時，于成龍被派往廣西羅城做縣令。那裡久經戰亂，百廢待興。城內只有六戶人家。于成龍晚上睡在關帝廟，還得枕著刀防身。但他沒有被困難嚇倒，砍了荊棘蒿草做縣衙的門，搬來石頭壘成辦公桌，他深入田間地頭，和農民閒話家常，瞭解大家的疾苦後，制定、採取了一系列興利除弊的措施。幾年後，羅城整個大變樣，到處是麥田，牛羊滿山跑，流落在外的人聽說後都回來了，大家開墾荒地，重建家園。可于成龍晚上還是睡在縣衙大堂上，飯也不好好吃。羅城百姓主動湊錢給他，讓他買些柴米油鹽，可都被他婉言謝絕了，「我一人吃飽全家不餓，這些東西你們拿去孝順你們的父母吧，就和我接受了是一樣的。」

在羅城做官七年，離任時，于成龍連路費都湊不齊。還是靠了一位會算卦的人一路熱心資助，才勉強到了四川合州上任。他沒想到，

那裡比羅城更艱苦。

康熙皇帝知道于成龍兩袖清風，特意賞賜他千兩白銀。可于成龍一分也沒花，全用在了賑濟災民身上。康熙知道後，感動地對官員們說，「如果你們都學成龍，還愁天下不太平嗎？」

一六八二年，于成龍被提升為兩江總督，前往江寧（今南京）上任。他赴任時只雇了一輛騾車，沿途不住官家的酒店，也沒驚動任何人。到江寧那天，地方官員都跑到城外去迎接，可等到天黑也不見總督大人的儀仗隊到來。大家正奇怪呢，才有人來報，說大人早已單車入府。

于成龍說，「賊也是百姓，百姓再無知，也不會樂於做賊，一定是被饑寒刑罰逼迫才不得不去做賊的。」他認為，責任全在政府。只有官員清心寡欲，實施德政，作風正派，政府才能清廉，百姓才會安居樂業。他是這麼說的，也是這麼做的──當官二十多年，最後集軍政大權於一身，可于成龍積蓄全無，連給母親下葬的錢都沒有。

于成龍病逝後，江寧男女老幼人人痛哭，每天到他靈堂前弔唁的人絡繹不絕，有人還在自己家給他設了靈位，焚香祭祀。康熙帝破例親自為其撰寫碑文，這是對他廉潔奉公的表彰。

陳廷敬

康熙大帝眼裡的完人

　　康熙大帝在位六十年，清朝成為當時世界上幅員最遼闊、人口眾多、經濟最富庶的帝國，史稱「康熙之治」。而作為康熙的輔弼良臣，陳廷敬不僅官至宰相，生前死後評價如一，更得到了康熙大帝的最高讚譽——寬大老成，幾近完人。

　　陳廷敬（1639-1712）是清朝的漢人裡官做得最成功的人之一，是當時傑出的政治家。他二十歲進士及第，一生在朝為官，在六部中的五個部做過尚書（相當於現在的部長），最後官至文淵閣大學士兼吏部尚書。如今，在陳廷敬的家鄉山西陽城縣北留鎮，有一座城堡式建築群——皇城村，上有康熙皇帝親筆書寫的「午亭山村」匾額。布局井然的牌坊院落凝重深沉，寂然訴說著明清兩朝陳氏一門九位中進士、六人入翰林院的顯赫往事。

　　他還是了不起的文字學家和編輯家，他領導編修了《康熙字典》《佩文韻府》《明史》《大清一統志》等大型語言工具書和史志巨著，代表了當時的最高水準；他是高品位的詩人、文學家，康熙說他的詩「清雅醇厚」，後代有詩人評價陳廷敬有詩聖杜甫的風範；他還是一

位音樂家，能作詞譜曲，通曉音律，給康熙撰寫了不少歌頌盛世的華美樂章。

陳廷敬比康熙大十五歲，兩人若不是君臣身分，恐怕會成為一對忘年交。對於康熙的聰穎，陳廷敬在他寫的書《午亭文編》裡大為讚賞，而康熙對陳廷敬也讚譽有加，非常信任，以至於陳廷敬母親去世，康熙都特派翰林院掌院學士帶著茶酒去祭奠，而在此之前，清廷只對滿族大臣有這樣的恩賜，陳廷敬可以說是獨享恩寵。

陳廷敬畫像

陳廷敬去世後，康熙非常痛心，不僅為他寫了挽聯，派三兒子率領文武百官一起去陳家祭奠，還把陳的兒子叫去，問山西有沒有好的棺材板，當得知大多是柏木板時，康熙立即讓人送去一具特製的紫杉板棺木。對於漢族臣子陳廷敬來說，能得到皇帝這樣的倚重和愛戴，其高大形象、人格魅力可見一斑。

李毓秀

著作《弟子規》，影響幾代人

教育的核心是培養健康的人格。俗話說，三歲看大，七歲看老。學前教育的重要性，自古以來就深受人們認可。有這麼一本優秀的啟蒙教育教材，打從問世起就廣為流傳，大受好評，成了老百姓對孩子思想、心靈和行為教育的教科書，甚至是成年人提升素質、端正品行的道德標準，這本書名為《弟子規》。

《弟子規》原名《訓蒙文》，是清康熙年間山西絳州（今新絳縣）秀才李毓秀寫就的。後來，和李毓秀同時代的山西浮山縣賈存仁對《訓蒙文》做了一些修訂，並將其改為現在的名字。

李毓秀（1647-1729）出生在一個比較富裕的家庭，從小衣食無憂。他曾經拜三晉名儒黨成學習儒家經典二十多年，後來中了秀才，也做了兩年縣丞（縣令的助手）。他生性耿直，見清朝官場腐敗，不願同流合污，就辭官回家開了間私塾，名為「敦復齋」。在這裡，他一邊給學生代課，一邊潛心著書，其中最有影響、跨越了時空界限的，還數《弟子規》。

在長期的教育實踐中，李毓秀認識到，兒童是一張白紙，可以描

畫最新最美的圖畫，所以，他決定寫一部通俗易懂、朗朗上口的啟蒙讀物，以孝悌、仁愛、勤謹、信義為核心，明確兒童在家外出、待人接物以及學習時應遵守的行為準則。

可以說，李毓秀在書中所寫的內容都是最簡單、最根本的人生態度。有現代的研究學者指出，《弟子規》的核心內容是宣導通過堅持修己愛人達到家庭和睦、社會和諧，是人生第一規，是做人的根本。人生在世，先做人，後做事。如果人人都能像李毓秀在書中所講的那樣，輕財仗義，孝敬父母，尊老愛幼，尊重人格，誠實守信，努力學習……那麼世道人心將得到淨化，家庭和睦、社會和諧指日可待。

雷履泰

晉商票號創始人

　　一紙匯票，匯通天下，在當時絕對是具有開創性、前瞻性的大事件。雖然唐代就有「飛錢」，宋、元、明、清民間也有匯兌，但是作為匯兌制度和專營匯兌的信用機構的形成，是從雷履泰創設票號開始的。

　　雷履泰（1770-1849）出生於平遙縣細窯村一個農戶家庭，在那個「萬般皆下品，唯有讀書高」的年代，他也曾勤奮讀書，以為「書中自有黃金屋」，但父親早早去世，家裡太窮讀不起書，只好去了平遙城當學徒做買賣。因為做事幹練，被李箴視看中，做了平遙西裕成顏料莊總號掌櫃。

　　那時候顏料莊在天津、漢口、重慶等地都有分公司，年終一結帳，分公司的人都要托鏢局往老家運錢，不光運費很高，而且風險大，常丟錢，所以有人把現金交給分號，請經理給總號寫信說明一下，再讓老家人從平遙總號取錢。這個辦法安全保險，哪怕多付錢人們也願意這樣匯兌。雷履泰看出這是個商機，便在顏料生意之外兼營北京山西之間的商業匯兌業務，大賺了一筆。

一八二一年，雷履泰和李箴視一起創立了「日升昌」票號，隨後又在全國各地設立了票號分公司，聯絡各處的晉商，招攬業務，這個城市交錢，那個城市取款，保持著良好的信譽度。

　　有一年，平遙日升昌票號門前，來了個討飯的老婆婆。她拿著一張數額為一萬兩千兩的日升昌張家口分號匯票，要兌成現錢。匯票簽發的時間是一八六八年，距當時已經過去了三十多年。老婆婆的丈夫早年去張家口做皮貨生意，在日升昌分號匯款後，啟程回家，結果病死在了路上。家裡沒了經濟來源，老婆婆也淪為乞丐，前幾天拿起丈夫生前留下的一件衣服，才從衣角摸到了這張匯票。瞭解事情的原委後，日升昌立刻給老婆婆兌換了銀子。

　　這件事讓日升昌名聲大震，門庭若市，生意蒸蒸日上。日升昌也成了全國金融界的泰斗。

　　不過，作為一個新興行業，既沒有現成的規制，也沒有成熟的模式，一切都要在成功和失敗中慢慢摸索、創造。比如說匯票的防偽，這事放在今天也是個難題。當時採用的防偽技術，有密押、背書、微雕等辦法。依靠著這些防偽技術，日升昌百年的歷史中，竟沒有發生一次被誤領、冒領的現象。

　　一八四〇年，雷履泰七十大壽。日升昌在總號修建紀念樓，將「拔乎其萃」金字大牌匾懸掛於樓中央，褒揚雷履泰首創票號的功績。九年後，雷履泰去世。日升昌競爭力隨後轉衰，其在票號業的霸主地位也隨之失去。

徐繼畬

東方伽利略，開眼看世界

一九九八年六月二十九日，北京大學禮堂內，美國總統克林頓正在發表演講。他說，在美國首任總統喬治・華盛頓的紀念碑上，刻著一段讚頌美利堅的話語：美利堅「不設王侯之號，不循世襲之規，公器付之公論，創古今未有之局，一何奇也。」克林頓告訴北大學子們，這話並非出自美國人之口，而是由中國人徐繼畬所寫。他說，這是「一百五十年前中美兩國關係溝通交往的見證」。

徐繼畬是誰？一位普通的清廷官員，為何被美國人視為大清國「朋友」？他的話為什麼被隆重地鐫刻在紀念開國之父華盛頓的「聖碑」上？

徐繼畬（1795-1873），山西五臺縣東冶鎮人，出身於官宦之家，從小接受儒家教育，他的老師是當時有名的才子、續作《紅樓夢》的高鶚。徐繼畬前半生官運亨通，在「三年清知府，十萬雪花銀」的清朝官場裡，他為官清廉，體恤民情，寫了很多切中時弊的政治報告，頗受道光皇帝的賞識。但是，鴉片戰爭爆發後，徐繼畬態度冷靜理性，主張既嚴禁鴉片貿易，又要讓殖民主義者找不到發動侵略戰爭的

理由。這讓同為「睜眼看世界」的強硬主戰派林則徐很生氣，認為他太軟弱。因為兩人的分歧，徐繼畬最終被貶官。

不過，導致他最後被罷官的真正原因，是因為一部書。徐繼畬從沒出過國，卻通過多方接觸歐美人士，瞭解近代世界政治、經濟、歷史、地理等知識，用五年時間寫出世界地理歷史著作《瀛寰志略》，讓長期處於封閉、混沌狀態中的中國人，看見了全世界。但這也讓當時愚昧無知、夜郎自大的守舊派大為驚恐，一時間朝野譁然，說他崇洋媚外，是亂臣賊子。

一八六八年三月二十九日，美國《紐約時報》刊登評論稱，一位中國官員因寫出世界地理專著《瀛寰志略》而被撤職，還被皇帝放逐了十八年。評論中說徐繼畬作為地理學家正直勇敢，將他盛讚為「東方伽利略」。

而在前一年，即將離任的美國駐華公使蒲安臣，代表美國政府把一副華盛頓像送給了徐繼畬，並向他表達了敬意。後來，徐繼畬病逝後，美國學者還稱他為「世界公民」。

一八七六年，徐繼畬去世三年後，郭嵩燾出使國外，親自印證了《瀛寰志略》對世界的真實描述。他感慨地說，「徐先生沒來過西方，書中所寫卻全都屬實，而且早了我二十多年，他的眼界真是高人一等啊！」

栗毓美

清代大禹，治河名臣

道光皇帝在位期間，黃河屢發大水。但是，連續幾任河道總督都把事情辦砸了。道光皇帝很生氣，把兩任河道總督革職、流放。河道總督這活兒不好幹啊！幹得好青史留名，幹得不好這輩子再別想翻身。在這種情形之下，道光十五年（1835），栗毓美（1778-1840）站在河南境內黃河兩岸的大堤上，開始了他任期五年的河南山東河道總督工作。

渾源人栗毓美上任後，先去黃河南北岸調查走訪。他發現，每次黃河發大水，都會對支流沁河形成倒灌，如果黃河、沁河同時發大水，倒灌口就會無法控制，河堤決口，嚴重威脅河南以北的地區。栗毓美想出一個辦法，從老百姓那裡買了大量的磚塊，組織大家向河裡扔磚，建成幾十個「磚壩」。磚壩剛建成，就來了一場暴風雨，其他的支流小河都決堤了，而有磚壩的大堤卻安然無事。

清代黃河工程耗資巨大，歷任河工官員都會從中撈取不少好處，如今栗毓美的「拋磚築壩」觸動了某些人的利益，因此遭到很多反對。但道光皇帝是個節儉的人，看到栗毓美的辦法能節省開支，而且

對治水十分有效，所以批准了他燒磚修堤的建議。

河磚每塊重二十斤左右，橢圓形，中間有圓孔，可以用繩子穿起來，方便拋修，還可以用來砌築壩體。這種方法一直用到一九四九年新中國成立。

栗毓美十分清廉，禁止鋪張浪費，帶著下屬們兢兢業業，致力於河道事業。他心裡有一張治水圖，河道的曲直高低，河水的寬窄深淺，河流的流速快慢，都爛熟於心。一旦水患發生，他都會站在泥淖中，不顧風吹雨打，親自指揮搶險。他在任五年，河南、山東等地黃河一帶很少發生水災。

一八四〇年，栗毓美巡查河道工程時，在胡家屯工地病逝，享年六十三歲。栗毓美的墓地建在家鄉渾源縣東南二里處，這座全部用巨型漢白玉構件雕刻的陵墓，規模可觀，是清陵石刻中的精品和瑰寶，成為流傳後世的珍貴文物。陵園中，保存著道光皇帝和栗毓美生前好友林則徐所寫祭文的碑刻。渾源人將這座陵墓稱為「栗家墳」，又稱呼栗毓美為「栗大人」，每逢清明時節，當地人都要去祭拜、悼念，深刻地懷念這位清正廉明、為百姓治理水患的清代大禹。

祁寯藻

一代書家，三朝帝師

　　一生經歷四位皇帝，其中三位見了他稱「先生」；為官四十六年，官至體仁閣大學士、首席軍機大臣，一人之下，萬人之上，是清朝山西籍官員中官做得最高、時間最長的；在政治、經濟、軍事等方面都有自己的見解和主張，而且多數都會被皇帝採納，有「半副鑾駕」「愛民相國」的美譽；他學識淵博，精通訓詁，是晚清詩壇的主持者，還是書法大家，楷書寫得最妙。他就是祁寯藻（1793-1866），來自晚清山西著名的文化世家「北祁」——壽陽祁氏家族。這個家族，有「一門五進士，三代四翰林」的美稱。

　　祁寯藻是著名史地學家祁韻士的第五個孩子。有良好的家庭教育環境，加上天生聰明、刻苦奮發，祁寯藻二十二歲參加科考，中了榜眼，從此踏上仕途。

　　學海無涯，皇帝也要天天讀書。南書房就是康熙皇帝為此設立的一個機構，在這裡工作的翰林負責給皇帝講解經史，答疑解惑，君臣一起學習，還要協助皇帝決策國事。從道光皇帝開始，祁寯藻就在南書房工作，道光、咸豐、同治，三位皇帝都受教於他，尤其對同治皇

帝，祁寯藻更是有一套自己的教學方法，立志要把他培養成一位明君。

作為三位皇帝的近臣，祁寯藻以他的忠心和清廉獲得了皇帝們的信任、尊敬和重用。他的官位不斷升遷，即使在咸豐皇帝起用與祁寯藻政見不和的滿族貴族期間，也只是把他軍機大臣的排名從首席換到了第二位。但祁寯藻眼裡不揉沙子，在咸豐四年（1854）堅決辭掉官職，在家待了六年。

祁寯藻有一位惺惺相惜的好友林則徐，鼎鼎大名的禁煙英雄。傳說林則徐被罷官後，祁寯藻不避嫌疑，畫了「鶴立雞群」去看他。林則徐知道祁的用意，在「鶴立雞群」四個字後面補寫了「出頭難」，祁寯藻又續寫了「終有開天日」，林則徐接著寫「豆在釜中相煎易，斷無生根地。」祁寯藻看後，將「生根地」改成了「滅人路」。於是，兩人寫成了這副對聯：「豆在釜中相煎易，斷無滅人路；鶴立雞群出頭難，終有開天日。」

如今，山西壽陽建立了祁寯藻紀念館，將這位集政治家、藝術家於一身的晚清重臣的生平、學術、文物、字畫，還有他用過的一些物品進行了展出，供後人紀念、懷想、學習。

楊深秀

願為變法流鮮血，不做儒生啃故紙

誰人不愛惜自己的生命？可是楊深秀這個手無寸鐵的文弱書生，滿懷一腔報國熱忱，為國家為民族拋頭顱，義無反顧。

楊深秀（1849-1898），山西聞喜人，進士出身，精通中西數學。一八七六年至一八七八年，北方多省出現大旱災，山西災情尤其嚴重。在京城做官的山西籍官員們，紛紛慷慨解囊，賑濟家鄉父老。還有很多人請假回了山西，探視家人或者加入賑災的行列。楊深秀就在一八七八年放棄了科舉考試，回到家鄉，用自己的名氣和聲望，動員大家有錢的出錢，有力的出力，眾志成城，共同抗災。

楊深秀祖上也算殷實，後來家道中落，但他父親滿腹經綸，母親又知書達理，楊深秀從小耳濡目染，十分好學上進。只可惜父母早早去世，這讓楊深秀懂得了人情冷暖，更加刻苦讀書，學業扎實，知識廣博，在當地非常有名。一八七九年，山西度過災荒年後，全省開始修訂各縣的縣志。楊深秀就在這時受聞喜縣令的邀請，主持《聞喜縣志》的修訂。後來，又受山西通志局的邀請，去省城太原分纂《山西通志》。這部省志的纂修前後歷經了十三年。修訂好後，好評如潮，

被認為是「明清兩代山西最後也是最好的一部通志」。

那時候學生們參加科考，要繳納名目多樣的費用，當時人稱「公堂禮」。作為讀書人，楊深秀對這些巧立名目的收費感受至深，恨之入骨。一八八二年，借著山西新來的巡撫張之洞改革教育的機會，楊深秀建議免除「公堂禮」，得到了積極的回應。這件事辦得漂亮，贏得了很多人的真心擁護和愛戴，也被刻在石碑上留作紀念，至今還被完好地保存著。

雖說是大家公認的儒士，但楊深秀並不是一個思想腐朽的封建士大夫，他身在風雨飄搖的舊王朝，心繫民族的苦難，思路開闊，思想開通，勇於接受新生事物，對維新變法積極接納，和康有為、梁啟超等人關係密切，志同道合。但不幸的是，變法剛進行了一百零三天，他們寄託希望的光緒皇帝就被慈禧太后等舊勢力控制。楊深秀知道自己身處險境，還敢公開批評慈禧太后的做法。一八九八年九月二十八日，北京宣武門外騾馬市大街菜市口，四十九歲的楊深秀從容就義，和他一起為變法維新付出生命代價的還有五位志士，世稱「戊戌六君子」。

作為六君子之首的楊深秀，雖然沒有譚嗣同那麼出名，但他為救國而從容就義的轟轟烈烈，不惜用生命去喚醒國人的精神，為三晉大地留下了濃墨重彩的一筆。

民國到新中國成立後

閻錫山

曾經的土皇帝，複雜的多面體

民國時期的山西，最重要的人物是閻錫山（1883-1960）。從一九一一年辛亥起義後擔任山西都督開始，到一九四九年拋下部屬倉皇逃離，三十八年間，作為民國掌權時間最長的地方統治者，山西許多重要的事情，背後都有閻錫山的影子。

閻錫山重視經濟發展，當時山西的機器製造業和兵工業在全國名列前茅，建成了太原兵工廠，修築同蒲鐵路，整頓山西省銀行，社會改造也頗有成效，被稱為「模範省」，但他用嚴密和殘酷的手段進行管理，無辜罹難者數以萬計；他渴求人才，一方面創辦學校，四處招攬人才，但另一方面，又任人唯親，愛才卻不能用才，器量格局不免偏狹，所以像傅作義、徐永昌等名將最後都離他而去；他留過學，不是個純粹的舊官僚，也讚賞民主制度，但治人還是靠部下對他的忠誠，並且利用民族革命同志會、鐵軍等組織加強個人崇拜；他盡力讓山西強盛，但最看重的卻是個人的權勢得失；抗日戰爭時期，與八路軍摩擦，還與日寇虛與委蛇⋯⋯

武昌起義當晚，身為清軍協統的他，帶兵在巡撫衙門二里外的校

場樹林觀望，但後來卻一直以首義功臣自居。有人評論說，如果事情順利，他就跟著起義，如果事情砸了，他就順便平叛，真是左右逢源。起義後，他對孫中山非常尊敬，孫中山也很賞識他，但為了山西都督的位置，他不敢對抗袁世凱的壓力，在定都南京還是北京的原則性問題上，是革命黨中第一個支持袁的人，為表示順服，甚至將自己父親送往北京做人質，讓革命黨深感受傷⋯⋯

傅作義

民國最擅守城的將軍

　　歷史上的名將，都可用「攻必克、戰必勝」來形容，但單純以擅長守城而知名的卻不多。不過，山西榮河縣安昌村（今屬臨猗縣）人、國民黨一級陸軍上將傅作義可算一位。

　　傅作義（1894-1974）生於一個殷實的農家，一九一八年從保定軍官學校畢業，開始了長達三十年的戎馬生涯。在晉綏軍中，傅作義軍事技能嫻熟，曾在全省比賽中拿過數項第一，兼之以身作則，體貼部下，一九二四年直奉戰爭爆發時，已升任團長。一九二八年直奉聯軍聯合晉軍攻打馮玉祥的國民軍，國民軍失利往西北撤退，傅作義率部駐守必經之路天鎮，國民軍三個月也未攻下來，初步顯露了守城才能。

　　一九二七年閻錫山放棄與奉軍的聯合，接受國民政府改編。一九二八年十月，已升任師長的傅作義奔襲涿州，一戰而克，但晉軍其餘部隊未能配合，涿州竟成孤城，然而傅作義一守就是百天，後得到閻錫山命令才停戰議和。涿州之戰是中國近代軍事史上城市攻防戰中著名一役。傅作義擅守得到軍事界的公認，一舉成名。

傅作義守城最著名的戰役是抗日戰爭時期的太原保衛戰。當時，日寇氣焰方熾，太原肯定守不住，晉軍將領都沒什麼信心，但傅作義卻拿出了非一般的勇氣和決心，說「棄土莫如守土光榮，太原城我守」。日寇突入城中後，他還堅持巷戰，掩護了兄弟部隊撤退，也重創了日寇，使之很長一段時間無力南侵。

　　傅作義治軍借鑑八路軍經驗，在自己部隊中請了不少延安來的工作人員，這讓閻錫山心生猜忌，說他的部隊是「七路半」（意為僅比八路軍少一點兒）。於是蔣介石趁機挖牆腳，任命傅作義為第八戰區副司令長官兼第二戰區北路軍司令，傅作義就此脫離了閻錫山。

　　抗日戰爭中，傅作義指揮了包括五原大捷在內的大小戰役二百九十餘次，成為威名卓著的抗日名將。

　　解放戰爭時期，傅作義被任命為華北「剿總」司令，但這位擅守的將軍，毅然率部起義，使得北京這座千年的歷史文化名城免遭炮火塗炭，毛澤東說，應該給傅作義頒發一個「天壇那麼大的獎章」。

　　新中國成立後，傅作義擔任新中國第一任水利部部長長達二十三年，是中國水利事業的奠基人。

徐永昌

代表中國接受日軍投降

一九四五年九月二日，東京灣。

美、中、英、蘇等九國代表齊集停泊在這裡的美軍密蘇里號軍艦上，他們正在舉行一個重要的活動——日本將向所有交戰國簽字確認正式投降。

代表中國出席的是陸軍一級上將、國民黨軍委會軍令部部長徐永昌（1887-1959），他是山西崞縣（今原平）人。

清末時，徐永昌就讀於清政府武衛左軍隨營學堂，辛亥革命時，他還是清軍的一員。後來就讀於陸軍大學，畢業後加入直系軍隊。一九二七年，徐永昌正式率部投了晉綏軍。他威名素著，深受閻錫山的賞識，中原大戰中，晉綏軍的總指揮就是徐永昌。

中原大戰後，閻錫山雖然失敗了，但全靠徐永昌未雨綢繆，部隊才得以保全。而且，在閻下野、退避大連期間，徐永昌受命主持晉綏兩省。

當時幾乎所有的舊部都勸他趁此良機自立，但他堅持不肯，反而

勸大家「跟上人家好好做事」。在面見蔣介石時，還不停地為閻錫山講話，說他得軍心、得人望、肯花錢辦事，又清廉。徐永昌不落井下石的厚道，可見一斑。

抗戰期間，徐永昌任軍令部長，與軍政部長何應欽、軍訓部長白崇禧、政治部長陳誠並稱為軍委會四大巨頭。接受日軍投降歸來後，徐永昌因病辭職。後來解放戰爭戰局不利時，還代何應欽短暫出任過國防部長。

一九五九年，七十二歲的徐永昌在臺北寓所去世，國民黨要人無不前往弔唁，蔣介石送匾額「愴懷良輔」，閻錫山送挽聯，還在祭文中說「念自締交以來，推心置腹，始終無間」——能讓多疑且圓滑的閻錫山說這番話，足見徐永昌的為人了。

孔祥熙

民國財神爺

民國年間有一句俗諺,「蔣家天下陳家黨,宋氏姐妹孔家財」,孔,指的是孔祥熙,蔣介石的姐夫,曾主管國民黨政府財政長達十一年,是民國赫赫有名的「財神爺」。

孔祥熙(1880-1967)出身於山西太谷一個亦儒亦商的家庭,兒時生了一場大病,因為被傳教士治好,所以入了教會學校讀書,還受洗禮做了基督徒。一九〇七年進入耶魯大學,獲理化碩士學位,立志要「提倡教育,興辦實業」。回國後他報著服務桑梓的願望,創辦銘賢學校,引進先進的教育理念、教材,培養了不少新式人才。辛亥革命爆發時,孔祥熙應士紳請求出面維持地方治安,避免了太谷被潰兵騷擾,還組織敢死隊去娘子關與清軍作戰。

一九一四年二次革命失敗後,孔祥熙東渡日本,擔任東京中華留日基督教青年會總幹事,順便為孫中山重組的中華革命黨籌措經費,並處理孫中山的文書函電。就在那時,他結識了孫中山的英文祕書宋靄齡,兩人一見傾心,結為夫婦。回國後,他開商號、辦銀行,生意越做越大。

山西人民出版社圖書《雛鳳哀鴻孔祥熙》

　　孔祥熙在政治上的發跡，開始於北伐後。他受命成為廣東省財政廳長兼理後方財政事務，從此成為政界要人。北伐成功後，歷任工商部長、實業部長、中央銀行總裁等。

　　一九三三年，宋子文不滿蔣介石不顧民生擴充軍備，和蔣大吵了一架，隨即辭去財政部長。孔祥熙接任後，為改革幣值，調整金融，發展經濟，支撐抗日財政都做出了很大貢獻。不過，也沒忘記給自己撈錢——讓美國人都看不下去了，強烈要求孔祥熙辭職。民間亦對其亦官亦商，利用權力進行投機並大肆發展私人資本的行為不滿。一九

四四年，傅斯年於參政會上向時任行政院副院長的孔祥熙發難，揭發其不正常的斂財手段。不久，孔即被免去財政部部長之職。後又辭去行政院副院長及中央銀行總裁。並於一九四七年赴美定居，一九六七年病逝於美國紐約。

高君宇

幹革命轟轟烈烈，談愛情至死不渝

> 我是寶劍，我是火花。
> 我願生如閃電之耀亮，
> 我願死如彗星之迅忽。

——德國詩人海涅的這幾句詩，是高君宇生前最喜歡的。而高君宇二十九年短暫的一生，恰恰印證了這壯麗的詩句。

高君宇（1896-1925）原名高尚德，一八九六年出生於山西靜樂縣（今屬婁煩縣）。一九一六年，高君宇考入北京大學，在那裡接受了新思想的啟蒙教育，並在恩師李大釗的帶領和教誨下，學習研究馬克思主義理論和十月革命的經驗，尋求改造中國社會的方法和道路。一九二〇年十月，李大釗在北京建立共產主義小組，高君宇是首批成員之一，也是山西第一個共產黨人。

他是五四運動的健將，帶領學生痛打章宗祥，火燒趙家樓；他是傳播馬列主義的無產階級戰士，在報刊上撰寫宣傳文章，奔走在城

市、農村和工廠中講演，為勞苦大眾傳播革命的知識和真理；他還是山西共產主義啟蒙運動的先驅和卓越的政治活動家，太原的共產黨、共（社）青團是在他的聯繫和指導下建立起來的。

高君宇在幹革命的同時，也收穫了嬌美的愛情之花。同為山西老鄉的平定人石評梅，是二十世紀二〇年代蜚聲文壇的散文家，兩人因共同的愛好和理想傾心相愛、互相敬慕，卻因身處黑暗社會而身不由己，最後高君宇因急性闌尾炎術後感染不幸去世，他們剛剛綻開的愛

高君宇故居紀念館　梁　銘／攝影

情花朵也隨之凋零。

　　高君宇去世三年後，石評梅也因憂傷成疾，病逝於北京。按照她的遺願，親朋好友將她安葬在陶然亭高君宇墓旁，「生前未能相依共處，願死後得並葬荒丘。」後人將其稱為「高石之墓」，安靜肅穆，默默見證著他們的革命與愛情。

賀昌

中共黨史上最年輕的中央委員

　　魯迅先生有個著名的比喻，說二十世紀初的中國社會就像一間鐵屋，沒有窗戶，很難被摧毀，而眾多熟睡的勞苦大眾不久就要被悶死。只有少數的幾個人清醒過來，奮力吶喊，想方設法砸破鐵屋，幫助大家逃出去。賀昌就是這少數先驅者中的一人。

　　先驅要有屢敗屢戰的勇氣，愈挫愈勇的鬥志，還要有卓越的領導能力，強勁的號召力，才能帶領眾人衝破藩籬，到達光明的彼岸。賀昌（1906-1935）出生在山西離石縣柳林鎮（今柳林縣），從小就立下壯志要救國救民，「大丈夫不做岳飛死，也當做班超名震天下！」一九一九年底，他隨父親來到太原，考入山西省立一中。在這裡，他不僅發憤讀書，還結識了進步青年王振翼，通過王，又認識了山西最早的革命者高君宇，從此走上共產主義的道路。一九二一年五月一日，太原社會主義青年團成立，賀昌成為首批團員。

　　他是學生運動的領袖、工人運動的帶頭人。一九二一年五月四日，賀昌和王振翼等人利用課餘時間，把高君宇帶來的《共產黨宣言》印刷了二千份。當晚就將這些資料分發到工廠、學校。這是《共

產黨宣言》在太原的第一次廣泛傳播。當年九月,他以股東身分集資創辦了晉華書社,推銷《共產黨宣言》《〈資本論〉入門》及《中國青年》《先驅》等進步書刊。晉華書社也成為山西宣傳馬克思列寧主義的重要陣地。賀昌還成功領導省立一中學潮,驅逐了反動校長魏日靖,大大推動了太原革命青年運動的發展。一九二二年,中國勞動組合書記部發動正太鐵路全線罷工,要求加薪、八小時工作制等工人權利,賀昌領導太原鐵路工人奮起回應,並獲得了成功。團中央曾高度評價,賀昌領導下的太原團組織,是唯一與團中央密切聯繫的地方組織。

一九二三年,賀昌加入中國共產黨,調離生活了三年的太原,開啟他職業革命家的生涯。他先後擔任中共中央南方局宣傳部長、中共廣東省委書記、中共中央北方局書記、中共順直省委書記、中國工農紅軍第五軍政委、紅三軍團政治部主任、中國工農紅軍總政治部副主任、代理主任。其間,還參加和領導了上海工人的三次武裝起義、南昌起義和廣州起義。

一九二七年召開的中共第五次全國代表大會上,年僅二十一歲的賀昌當選為中央委員,是中共黨史上最年輕的中央委員。一九三四年十月,中央主力紅軍長征後,他奉命留在中央革命根據地領導紅軍和游擊隊堅持鬥爭。一年後的三月十日,賀昌率領部隊突圍時,在江西會昌河畔遭遇伏擊,壯烈犧牲,年僅二十九歲。

彭真

社會主義法制奠基人

彭真（1902-1997），一個與中國革命史同行的人。

從一九二三年加入中國共產黨，投身革命，彭真參加了黨領導的各個階段的重要鬥爭，直到新中國成立後，他提出社會主義法治一系列指導思想和理論，是中國社會主義法制的奠基人。

太原市文瀛湖畔的中共太原支部舊址紀念館，是山西省立第一中學舊址，是山西第一個黨組織——中共太原支部成立的地方，也是彭真走上革命道路的起點。一九○二年十月十二日，彭真出生於山西曲沃，父母為他取名傅懋恭。一九三七年，他為自己改名為彭真。他一九二三年加入中國社會主義青年團，同年加入中國共產黨，是山西省共產黨組織的創建人之一。

彭真多次在太原、石家莊、天津、唐山等地組織領導工人運動、學生運動，是中共在北方地區的主要領導人之一。一九二九年，被叛徒出賣，彭真被捕入獄達六年多。其間他多次以絕食抗爭，為獄友們爭取各種權利，還在獄中祕密組織黨支部，宣傳馬列主義。抗日戰爭爆發後，他參與部署黨在北方地區開展遊擊戰爭、創建抗日根據地的

工作。新中國成立後，彭真長期擔任黨和國家的領導職務，兼任中共北京市委書記，一九五一年後又兼任北京市市長，使得北京在很短的時間內恢復了生機與活力。

彭真秉持法治的觀點。在第一屆全國人大期間，他領導人大常委會制定了一系列重要的法律法令，大大推進了中國社會主義法制建設進程。

刑法是國家的基本法之一，也是起草工作量最大、最複雜的一部法律。中國第一部刑法的誕生可謂一波三折。一九五四年開始起草，到一九六三年寫出第三十三稿，但因「文革」被擱置，在文件箱裡一睡就是十五年。直到一九七九年，彭真平反後，又做了幾次修改，才在當年七月，全國人大審議通過了這部刑法，並決定自一九八〇年一月一日起施行。從此，中國的立法工作進入新階段。

在當時，中共幾位元老中，彭真年齡最大但卻生命力最旺盛，無論是戰爭年代還是和平時代，他從來都不忘養身之道。據說他一直保持著山西農村的飲食習慣，而且不抽煙、不嗜酒，認為粗茶淡飯最有利於長壽。

徐向前

布衣元帥，本色不改

　　一九五五年九月，中國人民解放軍歷史上第一次授銜。綜合德、才、功、資各方面因素，確定佩戴元帥軍銜者十人，其中第八位是山西五臺人徐向前。

　　徐向前（1901-1990）出生在五臺縣永安村一個貧寒家庭，父親以教書為生，給他取名「象謙」。一九二七年「四一二」反革命政變後，革命轉入低潮，許多人心情灰暗、失落，甚至退黨離開革命隊伍，徐向前卻在當年三月加入中國共產黨，還為自己改了名，表達對革命堅定的信心和勇氣。

　　一九二四年徐向前南下，考入黃埔軍校，成為第一期學員。一九三一年，紅四軍發展為紅四方面軍，徐向前任總指揮。抗日戰爭開始後，徐向前任129師副師長，率部先後在晉東南、冀南等地開展抗日遊擊戰爭。

　　解放戰爭中，徐向前負責山西戰場，他率領以地方部隊為主體的華北野戰軍第一兵團，相繼發起運城、臨汾、晉中、太原等戰役，連克強敵，解放了山西全境。尤其是在解放臨汾的戰役中，八縱二十三

旅打了一場中國軍隊歷史上罕見的攻堅戰，徐向前報請中共中央批准，命名該旅為「臨汾旅」。新中國成立後，徐向前出任解放軍總參謀長，長期擔任中央軍委副主席、軍委委員等職。「文革」後，還出任過國防部長。

這樣一位元帥，生活卻十分簡樸，沒有官氣。他一生不講究吃穿，說山西話，吃山西飯，會縫補衣服、織毛衣，給人的印象十分樸實。他愛養動物，長征時，騎馬挎槍的他，馬背上還有一隻猴子。這只猴子在長征中陪他走了很久，也給戰士們增添了不少樂趣。

徐向前喜歡聽戲，也喜歡唱戲，尤其愛唱晉劇、粵劇，和晉劇鬚生果子紅、粵劇名家紅線女都是好朋友。據說他還會彈揚琴、拉二胡，對攝影藝術也很在行，不僅喜歡拍照片，還動手布置暗房，配顯影液、定影液，很多早期珍貴的照片，都是他自己拍攝、放大、洗印的。

薄一波

定襄才子創立山西新軍

一九三六年，日寇侵華腳步加快，蔣介石又一直想派遣中央軍入晉，身處雙重壓力下的閻錫山，想出了一個自認為得意的妙計，邀請比他小二十五歲的共產黨員、素有才子之名的山西老鄉薄一波（1908-2007）回來「共商保晉大業」。

薄一波起初並不願意和這個通緝過他兩次的大軍閥共事，但當時中共中央北方局負責人劉少奇勸他別放棄這個機會，回山西可以和閻錫山建立統一戰線，並發展共產黨的力量。

當年十一月，薄一波回到山西後，組成中共山西公開工作委員會，改組了山西犧牲救國同盟會，立刻改變了山西死氣沉沉的局面。在他的領導下，犧盟會發動群眾，培養幹部，編練新軍，到了一九三九年，犧盟會會員已經達到三百萬人，山西青年抗戰決死隊也成為抗日戰爭時期中國共產黨領導下一支重要的武裝力量。毛澤東曾高度評價薄一波的成績，認為這是中共統一戰線政策一個成功的例證，而且實現了把山西作為抗戰戰略支點的意圖。

做出這一番事業的薄一波，當時還不到三十歲。

薄一波一九〇八年出生在山西定襄蔣村，從學生時代起開始接受五四運動新思想和馬列主義的影響，一九二五年加入中國共產主義青年團，同年轉為中共黨員，領導組織黨的地下活動。一九三一年因叛徒出賣被捕，關押在北京草嵐子監獄，直到一九三六年被營救出獄，才接受任務回到山西。

　　抗戰勝利乃至新中國成立後，薄一波一直是中國經濟領域的主要領導人，中國經濟建設的成就背後有他不可磨滅的貢獻。

劉胡蘭

花樣少女為革命看輕生死

在中國共產黨女烈士中，劉胡蘭是年齡最小的一個。她十四歲成為中共候補黨員，十五歲被叛徒出賣，死在國民黨的鍘刀下。

劉胡蘭（1932-1947），山西文水縣雲周西村人。原名劉富蘭，後來繼母將她名字中的「富」改成自己的姓「胡」，給她改名劉胡蘭。

劉胡蘭十歲就參加了兒童團，是村裡的兒童團團長，經常帶著小夥伴站崗放哨、偵察敵情，甚至運送武器彈藥。十三歲那年，她一個人跑到貫家堡村參加婦女培訓班，學習革命知識。結業回村後，擔任村婦救會祕書。一九四六年春天，縣裡下了紡棉花的任務，小劉胡蘭帶著婦女們白天黑夜把活兒幹，提前完成任務，得了全縣第一名。夏天到來的時候，作為中共預備黨員，她被調回村裡領導土改運動。

劉胡蘭犧牲的前一年年初，家裡按照舊風俗，給她和鄰村的男青年訂下了親事。但是，時代不同了，接受了新思想的劉胡蘭，主張自由戀愛，反對包辦婚姻，於是她和男青年說定，各自勸說父母解除婚約。

雲周西村村長石佩懷是個反動人物，經常給國民黨閻錫山軍隊遞送情報，一九四六年十二月，劉胡蘭配合武工隊員把他殺了。敵人知道後很生氣，頻繁襲擊雲周西村，還逮捕了幾名共產黨員。見形勢危險，家人勸劉胡蘭去山上避一避，她卻說，走不走要等上級的通知。誰知一九四七年元旦剛過，還沒來得及走，劉胡蘭就被叛徒出賣了。反動派問她：「你就不怕死？」她小小年紀卻大義凜然：「怕死不當

劉胡蘭塑像　梁　銘／攝影

共產黨！」為了讓她屈服，反動派當著她的面鍘死了六位革命群眾。但劉胡蘭已經把生死置之度外，從容躺在了鍘刀下，鮮血染紅了她的頭巾。

劉胡蘭的一生雖然短暫，卻用鮮血在歷史上寫下凝重的一筆，毛澤東為她親筆題詞：「生得偉大，死得光榮。」

趙樹理

我為農民代言

中國是個農業大國，農民在幾千年裡一直是國民主體，但可惜的是，農民歷來都以群體面貌出現，他們是背景，是沉默的大多數，是文人們需要抒發憂國憂民情懷時的道具。現代作家中真正肯寫農民，也懂農民的，一個是魯迅，一個是趙樹理。不過，與魯迅先生將對農民的愛深藏於批判之中不同，趙樹理總是對農民抱以最大的溫情和理解——因為，趙樹理認為自己就是農民。

趙樹理（1906-1970）出生於沁水縣尉遲村一個農民家庭，十九歲考入長治山西省立第四師範，走上文學道路。那時的他，為「五四」後文壇的風氣所影響，寫作上有明顯的歐化風格。一九三七年加入中國共產黨並投身抗日工作後，開始創作反映農村和農民生活的小說。

一九四三年，他描寫農村青年男女突破束縛追求愛情的《小二黑結婚》寫作完成，剛開始還不被編輯所欣賞，但送交彭德懷後，極少在文藝問題上發言的他親自為這本書題詞「像這種從群眾調查研究中寫出來的通俗故事還不多見」，周揚也說，趙樹理是「一位具有新穎

獨創的大眾風格的人民藝術家」。

趙樹理從此一炮而紅，紅遍了整個解放區。據說僅太行區首印一萬冊，立刻被搶購一空。之後創作的《李有才板話》《李家莊的變遷》也非常暢銷，連農村集市地攤上擺的都是趙樹理的作品——這正是他的願望，想用健康的、先進的文藝代替陳腐的、落後的文藝，用農民的話寫農民的事，為農民代言，並給農民指引前進的方向。

趙樹理的這種創作傾向，形成了現代文學史上一個重要的文學流派「山藥蛋派」。這也是山西文學的標籤，繼起的西戎、李束為、馬烽、胡正、孫謙，同氣相投，使得山西成為全國的文學重鎮。

終其一生，趙樹理都有著農民的樸實和善良。新中國成立後，已經成為文藝界主要領導的他，在北京怎麼也住不慣，一年有三分之二的時間待在農村，而且，他為自己既領稿費又領工資非常慚愧，主動提出不領工資，成為新中國不領工資第一人。

「文革」中，趙樹理被打成「黑作家」「周揚黑幫」「寫中間人物的祖師爺」，作品被誣陷為「毒草」，最終慘遭迫害而死。然而歷史是公平的，正義雖然來得晚，但終究會來。一九七八年，趙樹理徹底平反。

後記

《山西文化之旅》是一套以故事敘記山西歷史文化的普及性讀物。

斯著之成，始於山西省副省長王一新之構倡，策劃創作期間，屢示洞見。山西省旅遊局負責本書的具體實施和推廣。山西省政府盛佃清先生，山西省人大常委會韓和平先生，山西省旅遊局馮建平先生、王炳武先生，山西省新聞出版廣電局齊峰先生親力協調統籌、總理編務，襄助良多。山西省政府辦公廳郭建民、樊張明、李仁貴、梅強、薛冬，山西省旅遊局陳少卿以及山西省委外宣辦鄧志蓉、王寶貴亦不辭辛苦，為叢書撰寫做了大量工作。山西大學歷史文化學院張世滿、朱專法、劉改芳、巫敬、焦凱夫、閆愛萍等專家學者參與本冊文稿初撰工作，張世滿對全部文稿進行了審核，多有裨益。一併銘謝！

昌明文庫 · 悅讀文化 A0605017

山西文化之旅——歷史人物篇

主　　編　晉　旅
版權策畫　李煥芹

發 行 人　林慶彰
總 經 理　梁錦興
總 編 輯　張晏瑞
編 輯 所　萬卷樓圖書股份有限公司
排　　版　菩薩蠻數位文化有限公司
印　　刷　百通科技股份有限公司
封面設計　菩薩蠻數位文化有限公司

出　　版　昌明文化有限公司
桃園市龜山區中原街 32 號
電話 (02)23216565
發　　行　萬卷樓圖書股份有限公司
臺北市羅斯福路二段 41 號 6 樓之 3
電話 (02)23216565
傳真 (02)23218698
電郵 SERVICE@WANJUAN.COM.TW
大陸經銷　廈門外圖臺灣書店有限公司
　　電郵 JKB188@188.COM

ISBN 978-986-496-537-3
2020 年 2 月初版
定價：新臺幣 300 元

如何購買本書：

1. 轉帳購書，請透過以下帳戶
   合作金庫銀行 古亭分行
   戶名：萬卷樓圖書股份有限公司
   帳號：0877717092596
2. 網路購書，請透過萬卷樓網站
   網址 WWW.WANJUAN.COM.TW

大量購書，請直接聯繫我們，將有專人為您
服務。客服：(02)23216565 分機 610

如有缺頁、破損或裝訂錯誤，請寄回更換
版權所有·翻印必究
Copyright©2020 by WanJuanLou Books CO., Ltd.
All Right Reserved　　　　Printed in Taiwan

國家圖書館出版品預行編目資料

山西文化之旅. 歷史人物篇 / 晉旅主編. -- 初
版. -- 桃園市：昌明文化出版；臺北市：萬
卷樓發行, 2020.02
　　面；　　公分. -- (昌明文庫；A0605017)
ISBN 978-986-496-537-3(平裝)

1.文化史 2.山西省

　　　　671.47　　　　　　　　109002010

本著作物經廈門墨客知識產權代理有限公司代理，由山西人民出版社有限公司授權萬卷樓圖
書股份有限公司（臺灣）出版、發行中文繁體字版版權。